大文豪丛书

我，契诃夫

袁子茵　著

陕西新华出版传媒集团
太白文艺出版社

图书在版编目（CIP）数据

我，契诃夫 / 袁子茵著. -- 西安 ：太白文艺出版社，2020.10（2025.9重印）
（大文豪丛书）
ISBN 978-7-5513-1838-9

Ⅰ. ①我… Ⅱ. ①袁… Ⅲ. ①契诃夫（Chekhov, Anton Pavlovich 1860-1904）－生平事迹②契诃夫（Chekhov, Anton Pavlovich 1860-1904）－文学研究 Ⅳ. ① K835.125.6 ② I512.064

中国版本图书馆 CIP 数据核字（2020）第 074824 号

我，契诃夫
WO,QIHEFU

作　　者　袁子茵
责任编辑　李明婕
装帧设计　刘昌凤
出版发行　陕西新华出版传媒集团
　　　　　太 白 文 艺 出 版 社
经　　销　新华书店
印　　刷　北京东君印刷有限公司
开　　本　660mm × 960mm　1/16
字　　数　160 千字
印　　张　12.5
版　　次　2020 年 10 月第 1 版
印　　次　2025 年 9 月第 3 次印刷
书　　号　ISBN 978-7-5513-1838-9
定　　价　59.80 元

如有印装质量问题，可寄出版社印制部调换
联系电话：029-81206800
出版社地址：西安市曲江新区登高路 1388 号（邮编：710061）
营销中心电话：029-87277748　029-87217872

◎

前言

让我们随着这套“大文豪系列”走近世界文豪，聆听大师们的妙言，感受大师们非凡的生活。

置身于历史的画卷，仰望文学长空璀璨的星辉，寻找人类文化历史发展的历程。从古希腊的神话、王国，到中世纪的骑士、城堡；从金戈铁马的古战场，到五光十色的繁华都市；从奔腾喧嚣的瀑布、河流、海洋，到恬静幽美的森林、峡谷、田庄，世界文学之窗一扇一扇向我们打开，久远凝固的历史画面和丰富多彩的生活图景在我们面前徐徐展开，让我们漫游绚丽多彩、浩瀚无边的文学世界，让我们游历文学世界的各个角落，体会人们的爱恋、幸福以及痛苦、忧伤、希望……

在品读这些经典原著时，我们品味着大师们灵动的语言，共享着人类文明的精髓，和大师们零距离接触，感受他们的生命和作品的意义，我们将能获得更多教益。让我们的文学梦从这里走出，在人生之路的不远处收获盛开的花朵和丰硕的果实。

本书选取契诃夫最有代表性的作品加以介绍及赏析。所选作品代表了契诃夫不同时期的创作风格，也是他创作方向的重要转折点的作品。小说方面，选取了中期创作的《第六病室》予以介绍；戏剧方面，选取了晚期创作的《樱桃园》进行细致介绍。

◎

引言

安东·巴甫洛维奇·契诃夫（1860—1904）是19世纪末俄国现实主义文学流派的杰出代表，是具有世界声誉的伟大的批判现实主义作家，是一位杰出的小说家和剧作家。作为小说家，他与欧·亨利、莫泊桑并称为“三大短篇小说之王”，被誉为“俄罗斯的莫泊桑”；作为剧作家，他被誉为“俄罗斯心理现实主义戏剧的奠基人”。

契诃夫一生中创作了大量的短篇小说，在他的创作后期转向了戏剧写作。他坚持现实主义传统，注重描写俄国人民的日常生活，塑造具有典型性格的小人物，如实反映当时俄国的社会现状，揭露沙皇政府对人民的残酷压榨和剥削，讽刺庸俗腐朽的市侩习气，同情被侮辱、被损害

契诃夫

的“小人物”，体现了平民主义情怀和人道主义思想。

契诃夫创作的小说风格独特、言简意赅、艺术精湛，更具抒情心理。契诃夫主张并推崇“长事短叙”，认为“越是严密，越是紧凑，就越有表现力，就越鲜明”。他的作品总是为读者留出独立思索的空间，他的文字总是耐人寻味。他善于透过生活的表层进行探索，将人物隐蔽的动机展现得淋漓尽致。他善于从日常生活中发现具有典型意义的人和事，截取平凡的日常生活场景片段，凭借独特的艺术视角对人物的语言和行动进行精巧设计，对社会生活的环境进行轻巧描绘。他以幽默的手法设计故事情节，以高超的艺术语境塑造和刻画了一个又一个完整的典型人物形象。其代表作《变色龙》《套中人》堪称俄国文学史上精湛而完美的艺术珍品。

契诃夫的作品抒情气息浓郁，抒发着他对丑恶现实的不满和对美好未来的向往，他把褒扬和贬抑、欢悦和痛苦之情融化在作品的形象之中。

契诃夫的戏剧创作不追求离奇曲折的情节，讲述的是一些貌似平凡琐碎的故事，实则创造出了一种特别的、令人难以忘怀的或是抒情味极浓的艺术氛围。其代表作《伊凡诺夫》《海鸥》《万尼亚舅舅》《三姊妹》《樱桃园》皆享誉后世。剧中丰富的潜台词和浓郁的抒情气息，反映了俄国大革命前夕一部分小资产阶级知识分子的苦闷和追求，具有深刻的现实性，极具象征意义。

在世界文坛上，契诃夫是一位罕见的艺术家，无论是小说还是剧本，其艺术成就举世公认。列夫·托尔斯泰说他的小说“创造了新的形式，因此我丝毫不假作谦逊地肯定说，在技术方面契诃夫远比我高明！……这是一个无与伦比的艺术家”。托马斯·曼认为“契诃夫的艺术在欧洲文学中是属于最有力、最优秀一类的”。高尔基称他是“一个独特的巨大天才”。被誉为“英国的契诃夫”的凯瑟琳·曼斯菲尔德，在 1921 年写给丈夫的信中写道：“我愿意将莫泊桑的全部作品换取契诃夫的一个短篇小说。”茅盾盛赞契诃夫有着“敏锐的观察力”，具有“艺术表现能力和语言的精练”。可见契诃夫在世界文坛上的独特地位。契诃夫的作品跨越了群星璀璨的历史长空，在今天仍然闪耀着独特的艺术光彩，成为世界文化宝库中的无上瑰宝和珍贵遗产。

契诃夫的名言“简洁是天才的姊妹”，成为后世作家孜孜以求的座右铭；他的名言“人的一切都应该是美丽的：无论是面孔，还是衣裳，还是心灵，还是思想”，影响了一代又一代人对新生活的无比向往。

◎

目录

第一部分　生平与创作

01. 童年与少年时代 /003

02. 独居乡里 /006

03. 创作初期 /009

04. 创作中期 /022

05. 创作高峰期 /037

06. 最后的岁月，人生谢幕 /070

第二部分　艺术特色与艺术成就

01. 小说 /080

02. 戏剧 /097

第三部分　主要作品介绍

01.《第六病室》/115

02.《樱桃园》/149

附　　录

契诃夫生平及创作年表 /183

参考文献 /188

第一部分　生平与创作

所谓孩童般纯洁的生活乃是动物的快乐。

▲01　童年与少年时代

1860 年 1 月 29 日，安东·巴甫洛维奇·契诃夫出生在俄国罗斯托夫州亚速海边的塔甘罗格市的一个商人家庭。他的父亲是一个杂货店店主，家中有母亲和兄弟姐妹，他在兄妹中排行第三。他有两个哥哥：大哥亚历山大·契诃夫、二哥尼古拉·契诃夫；两个弟弟：四弟伊凡·契诃夫、六弟米哈伊尔·契诃夫；一个妹妹：玛丽亚·契诃娃。他与二哥尼古拉和妹妹玛丽亚感情深厚，可惜尼古拉英年早逝。契诃夫的家信大多是写给妹妹玛丽亚的。

契诃夫的祖父和父亲曾是农奴。祖父叶果罗夫·契诃夫勤劳且有智慧，在自己从属的地主家的糖厂当上了经理。几年下来，他积攒了一些钱，于 1841 年为全家赎了身。父亲帕维尔·叶果罗维奇·契诃夫 17 岁时就在塔甘罗格市一家商店做工，后来在塔甘罗格市开了个杂货店，出售茶叶、砂糖、肥皂等小商品。母亲叶夫根尼娅是一个服装商人的女儿，她对东正教十分虔诚甚至于狂热。母亲的信仰深深地影响着契诃夫，使之具有悲天悯人的人文情怀。

契诃夫的童年时代并不美好。一方面，父亲经营的商店生意不好，以致家庭生活很艰难。另一方面，父亲脾气暴躁，对孩子们要求非常严厉，经常无缘由地打骂，还总是逼他们在学业之余去杂货店站柜台。甚至父亲上教堂做礼拜，也要逼着他们兄弟几个进教堂唱诗班唱歌。这让小契诃夫感觉失去了童年的自由。每当他站在教堂里唱歌，看到父亲得意的样子，他就有说不出的屈辱。在家庭中，父亲也非常专制和粗暴，有时竟为菜做得略咸而大发雷霆，经常大骂母亲，这令幼小的他内心非常恐惧。童年的生活烙印深深地刻在他的灵魂深处，这些童年体验被他日后写进了小说。如中篇小说《三年》中："爸爸老是拿一根柳条抽我，拉我耳朵，打我脑袋……"

契诃夫的母亲很慈祥，她经常给儿女们讲故事，讲的是她和她的父亲在整个俄国旅行的故事。这些故事深深地影响着小契诃夫，为他后来的文学创作打下了基础。他对母亲非常孝顺。尽管他对父亲的家庭独裁不满，但他非常感激父亲的养育之恩。契诃夫曾说："我的才智源自我们的父亲，我的心灵源自我们的母亲。"

塔甘罗格市里居住着一些希腊人，他们大都是商人，很会做生意，当地人很羡慕他们。他们建造自己的教堂，并在教堂里开设了一所五年制小学。1867 年，契诃夫 7 岁了，在父亲的主张下，他和哥哥尼古拉进入这所希腊语小学读书。契诃夫的主课老师是希腊人伍奇纳及其助手斯皮鲁。他们没有教材也没有教学计划，只会体罚学

契诃夫出生时的房子

生。一年下来，小契诃夫和哥哥尼古拉没有学到任何希腊文知识，快乐却被剥夺了。

第二年，父亲把他们转到塔甘罗格市的一所俄语学校。兄弟俩开始学习预留班课程。

19 世纪初，沙皇亚历山大一世非常注重国民教育。1802 年建立了国民教育部，制定了教育分级制度，学校实行 8 年一贯制。契诃夫在学校却学习了 10 年，1869 年入学，1879 年才毕业。这是因为他的父亲总是让他站柜台、去唱诗班，他的学习时间不够，三年级和五年级的课程，他重复念了两年。

学校的学习生活给契诃夫留下了深刻的印象，这在他后来的文学作品中都有描述。当时的学校已经废除了体罚制度，但教学质量很差，学校的风气不正，教师的素质普遍偏低，教师有权力决定学生的成绩。有个教古希腊文的教师，经常接受学生家长贿赂；还有一个教拉丁文的老师，经常打小报告；特别要提的是训育主任季雅利诺夫，他思想保守，头脑冬烘。在契诃夫眼里，他们更像“一群小官僚”，老师不是教书的先生，学校也不是科学的殿堂，有些像衙门。

在这段学习生涯中，他最不能忘记的是语文老师波克罗夫斯基，他经常给学生讲莎士比亚、歌德等大作家的作品和故事。这让契诃夫非常着迷，大大地激发了他对写作的热情，为他的创作开启了智慧的闸门。波克罗夫斯基不仅有学问，而且十分幽默，他给契诃夫起了一个滑稽的绰号：契洪特。他经常拉着长声叫：“契——洪——特，请发言。”契诃夫非常敬重他，就把这个绰号用作了笔名。这个笔名从契诃夫的处女作开始一直用到 1886 年。

▲02 独居乡里

1876年，契诃夫的父亲帕维尔·叶果罗维奇·契诃夫经营的杂货店濒临倒闭，父亲不得不悄悄离开家乡，只身逃往莫斯科躲债，并在那里谋生。随后，契诃夫的母亲和他的兄妹也陆续迁往莫斯科，兄弟们在莫斯科上学。只有契诃夫和弟弟伊凡留在家乡继续上学。第二年，弟弟伊凡也离开家乡去莫斯科与家人团聚，只有契诃夫继续在家乡读书和生活，他一直坚持到1879年完成高中学业。

独自留在故乡的契诃夫举目无亲，他住的旧居已经更换了新的主人。

契诃夫父亲的杂货店

在乡居的3年时间里，他利用课余时间当家庭教师、在仓库里做零工，靠变卖家里的物品来维持生计和继续求学，为此，他每天都在忙碌着。离开了亲人的他，不仅要忍受孤独，还要计划好学习和工作时间，更要去处理生存面临的事情，生活极其艰辛。没有套鞋的他在初春乡间泥泞的道路上行走着，没有寒衣的他在凛冽的冬天里奔跑着，缺少睡眠的他只好在课间闭目歇一会儿。

3 年的乡居生活是困苦艰难的，生活的困境，父辈欠债的屈辱，让契诃夫倍感生活压力。在虚伪的人际关系中，在庸俗的小市民习气中，他养成了观察周围生活和独立思考的习惯。但3年的独居时光也是自由的，离开了父亲的"管教"，他年轻的心开始放飞。他阅读了大量世界文学名著，并开始探究名著的社会意义。他读塞万提斯的小说《堂吉诃德》，他读屠格涅夫的《哈姆雷特与堂吉诃德》，年轻的他从中汲取了堂吉诃德的那种不屈不挠的精神。这一切都为他成为一个最善于揭示日常生活悲剧的作家奠定了基础。

一个农奴的后代，在故乡独自生活期间，生活上的艰难和对文学的热爱，使他的智力迅速发展，思想迅速成熟。他思考问题的深度令同龄人无法企及。契诃夫通过大量地阅读文学经典，激发了文学创作的才能，更重要的是，在他的灵魂深处意识到自己的血管里流淌的不再是一个农奴的血，而是一个真正的人的血。那是在 1879 年的一个美妙早晨，他意识到"在人群中应该意识到自己的尊严""要把自己身上的奴性一滴一滴地挤出去"。他在给弟弟的信中说："人在上帝面前，在大自然面前，在美和智慧面前，可以渺小，但在人群面前要意识到自己的尊严。"

艰苦而自由的乡间生活，是契诃夫人生的一个分水岭，是他走上文学创作道路的起跑点。他在这里开始了文学创作，写出了人生的第一个剧本《没有父亲的人》。《没有父亲的人》写于 1878—1879 年，发表于 1923 年。该剧以乡村教师普拉东诺夫的命运为主线，通过父辈与子辈两代人思想和经历的冲突，反映了当时的社会矛盾。该剧本反映了契诃夫自我意识的觉醒，体现着契诃夫与父亲疏离的心理感觉，标志着契诃夫的思想与行为的逐渐独立。

1879 年 8 月，契诃夫完成了中学的学业。他离开家乡，前往莫斯科与家人团聚，3 年的乡间独居生活结束了。

▲ 03 创作初期

奠定简洁、幽默风格的早期创作时期。

创作出嘲笑奴性心理的早期代表作《一个文官的死》《变色龙》等。

创作出反映下层人民悲惨命运的代表作《苦恼》《万卡》等。

· 大学期间

1879 年，契诃夫来到了莫斯科，来到了父母的身边。他看到了父母和兄弟姐妹生活的艰辛。父亲常年在外给一个富商当听差，大哥亚历山大另住一处为生计奔忙，二哥尼古拉的性格有些懦弱，他喜欢绘画，经常给期刊杂志社画插图补贴家用。因为家境困难，19 岁那年，尼古拉才去考莫斯科大学医学系。看着眼前的这一切，契诃夫暗暗下定决心，要承担起家庭生活的重担。

1882年的契诃夫与哥哥尼古拉

这一年，契诃夫考上了莫斯科大学医学系，开始了大学的学习生涯。迫于生计，契诃夫效仿尼古拉给幽默期刊投稿，写些短小的幽默作品补贴家用，也维持自己的学业。他就这样开始了文学创作活动。

3年独居乡下的契诃夫，遇到的困难比比皆是，他已经习惯靠自己的劳作去解决问题了。而这3年的艰辛经历让他对生活在底层的人民有了了解，对人生也有了自己的思考。他写的文章因为有了生活的历练而生动，他的作品真实地反映了广大底层人民的生活状况。

初入文坛的“安东沙·契洪特”

19世纪80年代，是俄国历史上反动势力猖獗的时期，政府预感到末日来临，进行垂死挣扎，疯狂残酷地镇压人民，进步思想备受禁锢，社会气氛令人窒息。19世纪80年代的俄国文坛出现了一个奇怪的现象：没有产生有影响力的长篇小说。例如，托尔斯泰的作品有60年代的《战争与和平》、70年代的《安娜·卡列尼娜》、90年代的《复活》，80年代则是空白的。这很大一部分原因是当时政府的书刊检查制度空前严格，对不同的政论政见进行封杀，以致许多进步的杂志被迫停刊。登载短篇小说的刊物纷纷转向幽默小品文，文坛上适时地流行起幽默的写作文风，幽默期刊《蜻蜓》《娱乐》《蟋蟀》《花絮》《闹钟》等应运而生。这些期刊登载的搞笑小文，艺术价值不是很高，但有可读性。契诃夫最开始写作的文章就是在这样的期刊上发表的。

契诃夫最早的两篇作品，一篇是短篇小说《一位顿河地主写给有学问的邻居的信》，一篇是幽默小品《在小说中常常遇到的是什么？》。这两篇作品属于讽刺小品范畴，都发表在圣彼得堡幽默期刊《蜻蜓》上。《一位顿河地主写给有学问的邻居的信》发表在1880年3月第10期上，是他的处女作，也是他的成名作。文中讽刺了一个不学无术而又自命不凡的旧式土地主——“顿河地主”的愚昧无知。《在小说中常常遇到的是什么？》则讽刺了那些落入俗套、毫无新意的时髦小说，流露出了年轻的契诃夫对盛行于当时文学界的陈词滥调的不满，表现了契诃夫批判愚昧、僵化与腐朽的文坛现象的思想倾向。文章发表后受到了读者的热烈欢迎。

契诃夫勤于写作，思维敏捷，又善于在生活中找到素材，他写下了大量诙谐的小品和幽默的短篇小说。契诃夫的这种写作风格也是时代的必然，但初登文坛的他就与众不同，因为他目光锐利，他的幽默作品具有深刻的社会性，其内容和形式深受读者欢迎。

当时契诃夫正在上大学一年级，他发表的文章署名就是中学老师波克罗夫斯基给他起的滑稽绰号“安东沙·契洪特”。1881年以后，契诃夫便以这个绰号作为笔名在《观众》《闹钟》《花絮》等幽默期刊上发表幽默小品。

契诃夫的处女作发表后不久，他结识了著名风景画家列维坦，并与其成为一生的至交。列维坦的作品极富诗意，在1879年的秋天，列维坦完成了《索科尔尼克的秋日》画作，也是其处女作。两个同龄人，在各自的领域都小有成就。

大学期间，契诃夫创作的一系列文学作品大都短小精悍，简练朴素，结构紧凑，情节生动，笔调幽默，语言明快。他的小说叙述着生活的本来面目，他用心捕捉、用眼睛观察社会日常现象，以快节奏、简洁、自然、质朴的笔法，表现“小人物”的不幸和软弱，反映劳动人民的悲惨生活，嘲笑小市民的庸俗猥琐。有一些作品是描述当时社会发生的笑料和趣事，也有一些作品继承了俄国文学的民主主义优良传统，针砭当时社会的丑恶现象。有写卑躬屈膝的小官吏的，如《在钉子上》《一个文官的死》《胜利者的胜利》；有写凌弱暴寡的士绅和老爷的，如《英国女子》；有描写见风使舵的奴才形象的，如《变色龙》；有写专制制度的卫道士的，如《普里希别叶夫中士》；还有《站长》和《意见簿》，等等。

这些优秀的幽默短篇小说都具有深刻的内容和完美的形式，写出了俄罗斯帝国的官场丑态，强者的倨傲专横，弱者的唯唯诺诺；写出了奴性社会的为官为人风气，对权势者的摇尾乞怜，对百姓的张牙舞爪。

尼古拉·列依金的教诲与简洁文风的形成

1883 年起，契诃夫在《花絮》上陆续发表了《一个文官的死》《胖子和瘦子》《变色龙》等幽默小说，引起了一些著名作家的关注。《花絮》是当时幽默期刊中影响力最大的，其主编尼古拉·列依金是一个作家，他对稿件的要求近乎苛刻，不允许文章冗长，力求简短。契诃夫和列依金相识在 1883 年年初。1 月下旬，契诃夫在给列依金的第一封信中，表达了自己愿意与《花絮》合作的心情，并对文章的写法阐述了自己的想法，他写道："我也全力支持短小的作品。如果我编辑刊物，我也会把冗长之作扫地出门。在莫斯科的同行里，只有我一个人反对冗长……"在"反对冗长"这一点上，契诃夫与列依金达成了共识。列依金要求契诃夫每篇小说不得超过 100 个句子，每篇小说必具幽默感。

在列依金的点拨下，契诃夫形成了以简洁和精悍为特征的写作风格。他的"简洁是天才的姊妹"成为至理名言。后来，他在写给列依金的信中虔诚地说："《花絮》是我的圣水盆，而您是我的教父。"

此时的契诃夫，在饱受生活的艰辛和生存的压力后，在这充满和谐的创作氛围里，他的创作热情和才情迸发了。人们在《蜻蜓》《闹钟》《观众》《花絮》《蟋蟀》等幽默期刊上频频看到"安东沙·契洪特"这个名字，读者认识并喜爱上了这个爱挖苦人的作者。加之他的幽默作品中隐含着一些针砭时弊、讽刺社会不良现象和世态人心的韵味，自然拥有了大批读者，他的名气渐增。后来有学者把契诃夫在 19 世纪 80 年代的早期创作称为"契洪特时期"。

1883 年是契诃夫创作的第一个繁荣期，生活中的种种怪象如流水般倾泻于他的笔端，大约有 120 篇作品陆续问世。人们对他的作品不仅关注，而且有一种期盼。契诃夫看着这些零散的作品，萌生了编选个人作品集的想法。由于他个人和家庭的经济刚刚好转，而出版个人作品集是需要一定费用的，所以这个愿望在第二年才得以实现。1884 年，契诃夫第一部作品集《梅尔波梅尼的故事》出版了。小说集很薄，全书只有 96 页，收录了他大学时代写就的 6 篇短篇小说。

·走向社会　结识良师益友

1884年，契诃夫从莫斯科大学医学系毕业了。刚刚走上社会的他，在莫斯科近郊兹威尼哥罗德等地行医。这使他有机会接触农民、教师、地主、官吏等各式人物，扩展了视野，丰富了生活内容，增长了对事物的见识。契诃夫一面行医，一面进行写作。他在为患者看病时，了解了患者的心理状态和生存状态，也引发了他对社会上的各种病态现象的思考，这对他的文学创作有着极大的帮助。有一次，他受当地政府委托到外地去验尸，在尸体面前，他有了一种很奇怪的感受，他想，这个人活着的时候，可能没有人会关注和在意这个生命，偏偏人死了，反而吸引了一群人，好像他是个大主教似的。这是他从没有过的经历和感觉，这种亲身体验给了他创作的灵感，他写了一个与医生职业有关的短篇小说《死尸》。

契诃夫的行医生涯不长，但这段生活经历总是让他觉得自己是个双重职业的人。他曾在给朋友的信中说："医学是我的合法妻子，文学是我的情人……"他敬重这两种职业，"如果我是一个医生，那么我需要病人和医院；如果我是个作家，那么我需要生活在人民中间"。他的创作是以反映人民疾苦为出发点的，这是成为一个伟大作家所应具备的潜质。

契诃夫与苏沃林

1885 年，对契诃夫来说意义非凡，行医让他对人间的悲欢离合有了高度的敏感、悲悯和理解。这一年，他的创作风格发生了转变，他创作的中篇小说《猎人》发表在5月的《圣彼得堡报》上。《猎人》的写作风格迥异于前，其情景交融的抒情笔法接近当时的大作家屠格涅夫的风格。小说《猎人》一经问世，便在俄国文坛上引起人们前所未有的关注。《新时报》的主编苏沃林读了《猎人》后，主动邀请契诃夫为《新时报》撰稿。

苏沃林是《新时报》的主编，他投身文学批评并喜欢戏剧艺术，早期他的新闻报道作品带有自由派的特点，深受读者欢迎。苏沃林比契诃夫大26岁，两人信仰不同，但他们却成了亲人般的朋友。

1885年年底，契诃夫第一次去圣彼得堡，与苏沃林见面，两人相谈甚欢。苏沃林非常赏识契诃夫，不仅邀请契诃夫为《新时报》撰稿，还以优惠的条件帮助契诃夫出版小说集。另外他还建议发表作品要署真名。契诃夫愉快地接受了苏沃林的邀请和建议，1886年2月，在《新时报》上契诃夫用真名发表了《安灵祭》，不久又发表了小说《巫婆》。这一年他还出版了小说集《形形色色的故事》。

此后，契诃夫佳作迭出，他在《新时报》上发表了大量的文章，比如在1887年4月发表的短篇小说《信》，同年6月发表的短篇小说《幸福》等。由于苏沃林的帮助和举荐，1888年10月，他的小说集《在黄昏中》获得了俄国皇家科学院的“普希金奖”。这一年，他年仅28岁。从发表第一篇小作品到荣获“普希金奖”前后相隔仅8年半的时间，俄国文坛上鲜为人知的契洪特变成了圣彼得堡的“红人”契诃夫，他从幽默小品作者进而成为具有一定影响力的知名作家。

从19世纪80年代下半期起，契诃夫开始写剧本。他写的《蠢货》《求婚》《结婚》和《纪念日》等独幕轻喜剧，在内容和手法上接近于早期的幽默短篇小说，有些剧本是由他自己的短篇小说改编而成的。

1890 年，政治气候异常沉闷，契诃夫的创作受到影响，身体也出现了问题。他在 1884 年就曾有一次咯血，再加上哥哥尼古拉病逝，他的心情非常痛苦和压抑。为了加深对俄国现实的认识，他萌生了要去萨哈林岛（库页岛）感受那些被流放之人的生活的想法。苏沃林曾反对他去，但契诃夫要冲破思想的牢笼，他要自由地写作，他要走进那些饱经苦难之人的心灵。最终，他得到苏沃林的支持，并以《新时报》记者的身份去萨哈林岛采访和调研。

1890 年 4 月，身体羸弱的契诃夫，穿过广袤的西伯利亚，前去俄罗斯帝国政府流放犯人的萨哈林岛考察。

萨哈林岛之行对契诃夫后半生的创作产生了重大影响，它提高了契诃夫的思想认识，深化了他的创作意境。

在经过长达半年的旅途奔波之后，契诃夫与苏沃林之间的书信更加频繁，更深层次地畅谈此行的感受和对事物的看法。他在一封信中说："如果我是文学家，我就需要生活在人民中间……我至少需要一点点社会生活和政治生活，哪怕很少一点点也好。"

从萨哈林岛归来后不久，契诃夫将小说《古塞夫》交给苏沃林出版。这部小说是以契诃夫从萨哈林岛回程路上的海上见闻为素材，反映岛上和海上人们的生存状况的。

之后，契诃夫又开始了埋头写作，他在创作中篇小说《决斗》。这时苏沃林约他去欧洲旅游，契诃夫欣然应允。

1891 年 3 月下旬，契诃夫第一次走出国门，他和苏沃林等游历了维也纳、威尼斯、佛罗伦萨、热那亚、罗马、蒙特卡罗、巴黎等城市。欧洲之行让契诃夫大开眼界，他感到这是一个富足、自由、艺术的世界。

5 月中旬，契诃夫结束旅行归国。回到莫斯科不久，他就来到一座乡间别墅。他要安静地写作，要把去萨哈林岛的见闻和感受尽快写出来。远离城市的喧嚣，在大自然里进行创作，契诃夫对生命有了新的感悟。他给苏沃林写信，告诉对方这个租来的别墅自己很满意，信件往来也很方便。他在信中说："大自然是一针极好的镇静剂，它能让人心平气和，也就是说，它能让人变得与世无争。"这一年，契诃夫 31 岁，可他感觉自己好像才 20 多岁。他和苏沃林热烈地探讨人生真谛，他认为有尊严地生活就要"把自己身上的奴性一滴一滴地挤出去"。

《决斗》是在 1891 年 8 月完成的。契诃夫将稿子交给苏沃林后，感觉无比疲惫。因为这里面有着契诃夫对于生命和真理的思考，有一种对真理的热望和固执的毅力在涌动。

契诃夫将许多生活上和感情上的话题都与苏沃林交流，苏沃林已经生活在契诃夫的生命中。特别是在写作上的想法，是两个人常常探讨的话题。契诃夫很多的重要观念都出现在他与苏沃林的书信中，但是，两人也少不了创作理念和风格的争论。1890 年年初，契诃夫写的《盗马贼》，苏沃林就指责该作品"过于客观"，即"对于善恶的冷漠，缺乏理想与思想"。契诃夫写长信与苏沃林辨明态度："要知道这是不用我说也早就明了的事。就让法官去审判盗马贼好了，我的任务仅仅是真实地表现他们。"

在婚姻问题上两人也是争论不断。契诃夫极端反对"庸俗"，认为夫妻日日夜夜相伴也是"庸俗"，表示对幸福婚姻的不认可。他的初恋情人米齐诺娃对他一往情深，他对米齐诺娃也情真意切，但这段感情还是无疾而终。苏沃林多次劝他结婚，结果得到的是他无情的反驳。

在政治立场问题上，两人也是争论不断。特别是在 1894 年法国发生的“德雷福斯案件”中，苏沃林站在法国政府角度攻击左拉的立场，而契诃夫是坚定地站在民主力量这一边支持左拉，两人在此问题上的政治主张虽不同，但不影响他们是一生的挚友。

1897 年 4 月初，契诃夫因大口咯血住院了，苏沃林第一时间赶到医院去看望他、安慰他。

契诃夫是作家，苏沃林是出版者，他们是朋友，他们彼此欣赏和尊重。他们曾一起去拜会托尔斯泰，他们有着太多的交集，有着深厚的友谊和亲情，绝不会因为某些政治的倾向不同而弱化彼此的真挚友谊。

契诃夫与格利戈罗维奇

格利戈罗维奇是俄国 19 世纪贵族自由主义派作家，他与屠格涅夫、涅克拉索夫、列夫·托尔斯泰是同时代人。格利戈罗维奇偶然读到了契诃夫发表在《彼得堡报》上的小说《猎人》，这位 65 岁的知名作家立刻被作品所描述的情景深深打动，他以独特的文学视觉认准这是一个有天赋的青年。从此，格利戈罗维奇对契诃夫以及他的作品给予了深切的关注。

1886 年 4 月初，格利戈罗维奇给年轻的契诃夫写了一封信，信中他谈到了自己读小说《猎人》时的感受，赞扬道：“使我感到震惊的是它那与众不同的特征，主要是在人物描写和景物描写方面那种卓越的真实和真切。”同时他又从一个文学前辈对人才的爱惜和期盼的角度直言：“我相信，你的天赋，足以写出一些优美的真正艺术作品。如果你不能证明这样的期待，你将犯一个严重的错误。为了这个最重要的是：尊重你的难得的天赋，请丢开那种赶时间的写作吧。”

格利戈罗维奇的主动来信，让契诃夫受宠若惊。在契诃夫看来，格利戈罗维奇是个非常受人尊敬而且享有盛誉的人，是一位高不可攀的文学前辈。他看着信中的话：“你有真正的天赋，这种天赋可以让你从新一代的作家中脱颖而出……当我发现什么新鲜的人才，我就高兴，你瞧，我现在也要迫不及待地向你伸出双手……”契诃夫内心无比激动，立即写了一封感激涕零的回信。信中，契诃夫向格利戈罗维奇敞开心扉，表达了自己接到信后内心所受到的震动，以至于感动到要哭泣。他坦诚地说道：“如果我有什么值得尊重的才赋，那么我要向您纯洁的心灵忏悔：我自己一直不尊重自己的才赋。我感觉我是有才赋的，但我已经习惯于把它看得微不足道。……从前我对待我的文学写作一直极其轻率、马虎。我不记得，哪一个作品是我花了一昼夜以上的时间写成的。而您很欣赏的那篇《猎人》是我在洗澡间里一挥而就的！……我这样写我的短篇小说，对读者和自己都是不负责任的……”

契诃夫非常感谢格利戈罗维奇对自己的开导，他充分认识到格利戈罗维奇对自己的批评和期盼是正确的而且是及时的。格利戈罗维奇希望契诃夫提高创作的责任感，不要匆忙写作，让作品更有分量。此前，苏沃林在给他的信中，也提出过要他写有价值的东西，但他对自己在文学创作上的潜力缺乏信心。现在这位高不可攀的前辈格利戈罗维奇的信让26岁的他突然间看到了光明。契诃夫在给格利戈罗维奇长长的回信里，满是感恩戴德，并表达自己要“赶紧行动，尽快从陷下去的地方跳出来”。

契诃夫决心不辜负格利戈罗维奇的“具有一种远远高于其他年轻作家的才华”的鼓励，他用实际行动兑现了格利戈罗维奇的“不要匆忙写作”的教导，开始严肃地对待创作。从 1886 年开始，契诃夫用在文学创作上的时间没有减少，但他的作品数量在逐年下降。1885 年写了 129 篇，1886 年就下降为 112 篇，1887 年锐减为 66 篇，1888 年仅有 12 篇作品问世。

1886 年对契诃夫来说意义非凡，这一年他写下了《万卡》《苦恼》，反映了下层人民的悲惨命运，表达了对穷苦劳动者的深切同情。

在《万卡》中，9 岁的万卡在一家鞋铺当童工，3 个月来饱受生活的苦楚，他对祖父和故乡深深地思念着。他趁老板一家外出的机会，给爷爷发出了一封没有邮寄地址的求救信。这封永远寄不出的信让万卡稚嫩的心得到了安慰，而这篇幅有限的稚嫩作品却刺痛了读者的心。

在文学前辈格利戈罗维奇、《新时报》主编苏沃林的指导下，契诃夫从幽默讽刺的小品文作家向严肃作家转型，人们看到那个编写幽默故事的“契洪特”正在变成咀嚼人生苦痛的契诃夫。俄国著名作家柯罗连科这样描述 1886 年转型中的契诃夫的风采：在不久之前还是《花絮》的无忧无虑的撰稿人契诃夫的脸上，出现了某种特殊的表情，这种表情在从前会被称作“光荣的最初的闪光”。显示这一转折并被人们普遍认识的正是他在 1886 年 2 月发表的《苦恼》。

《苦恼》是一篇描写小人物悲惨命运的忧愤之作，读来令人震憾而又耐人寻味。特别是在结尾处的“人”向“马儿”的诉苦，强烈地表达了底层人民的痛苦，控诉了造成小人物不幸命运的黑暗社会，反映了当时俄国社会的世态炎凉。契诃夫认为，人生最大的苦恼与其说是人人皆有苦恼，不如说是没有人理会别人的苦恼。这种苦恼是全世界的苦恼。

英国小说家凯瑟琳·曼斯菲尔德在一篇札记中写道："如果法国的全部短篇小说都毁于一炬，而这个短篇小说《苦恼》留存下来的话，我也不会感到可惜。"可见《苦恼》被公认的程度。这部作品体现着契诃夫一次思想上的突破和艺术上的飞跃。

《万卡》和《苦恼》等作品表明，一种新的短篇小说体裁——抒情心理短篇小说在契诃夫的创作中形成。这类作品以平凡的日常生活现象为情节基础，叙述笔法客观而含蓄，运用巧妙构筑的艺术细节和静心勾勒的生活背景，在展示人物的心理状态中反映社会生活的重要方面，将浓郁的情意平淡地融化在作品的全部形象之中。

契诃夫初期创作的作品数量很多，这些作品以他杰出的讽刺幽默的笔触，体现了契诃夫鲜明的社会批判意识，抨击了社会庸人心理与产生庸人心理的社会，呼唤人性的张扬和人的尊严。

之后，契诃夫的文学创作进入了一个新的时期。

▲04 创作中期

思想、创作走向成熟的时期。

反映知识分子的精神世界，作品风格严肃而深沉，代表作《草原》《第六病室》等。

·思想上的苦行者　文坛上的新星

随着契诃夫的声誉和地位不断提高，他强烈地意识到自己的社会责任，认真地思索一个作家的创作价值和意义。他的思想和创作走向成熟，创作风格越发严肃深沉。其间，他的作品主题转向了知识分子的精神世界。1887 年，他出版了小说集《在黄昏中》，这个书名就表现了他的心绪。同年 11 月，他创作的第一个剧本《伊凡诺夫》在莫斯科柯尔什剧院首演，主人公伊凡诺夫对自己的“不理解”，反映的就是契诃夫的痛苦心声，展现的就是知识分子的内在精神世界。此后，契诃夫创作的题材和主题更为广泛和鲜明，他把目光投向了更为高远的天地。

人与自然的思考——《草原》

1888 年年初，契诃夫计划创作《草原》，他向格利戈罗维奇写信汇报自己的写作意图，要把自己对草原价值的理解呈现给人们。他认为“艺术家的全部精力应该贯注于两种力量：人和自然”。在得到格利戈罗维奇的肯定和鼓励后，契诃夫放弃了很多事情，全身心地投入到写作与思考中。

中篇小说《草原》刊登在圣彼得堡《北方公报》1888 年第 3 期上，讲的是一个男孩穿过茫茫的大草原去另外一个城市上学，在途中的一种心灵的感受。作品描述了男孩在行进过程中的心理变化，对茫茫草原夜色的恐惧和孤独，对外面神秘世界的向往和迷茫，表达了当时人们的美好愿望和一种民族精神。

契诃夫在《草原》中描绘和歌颂了祖国的大自然，真情地表达了人民对幸福生活的渴望，同时对草原的命运以及草原上人的命运进行了思考，进而对国家的命运进行了深层次的思考。

小说发表后，获得了人们的高度评价，引发了人们的热烈讨论。3 月，契诃夫来到圣彼得堡，亲身感受到了人们谈论《草原》的场景，看到了人们购买《草原》的热烈场面。最让他高兴的是，《草原》得到了谢德林、柯罗连科、迦尔洵等著名作家的赞赏。

《草原》体现了民族的灵魂，它的问世，使得契诃夫从一批青年作家中脱颖而出，28 岁的他成为俄罗斯文坛上的一颗新星。

也许是契诃夫在《草原》里将人生哲理融进景物描写，将小说写成具有音乐感的作品，仿佛草原上的天籁，竟然得到了大作曲家柴可夫斯基的赏识。

心灵之约：契诃夫与柴可夫斯基

柴可夫斯基是19世纪俄国伟大的作曲家、音乐教育家。契诃夫非常崇拜比自己年长的柴可夫斯基，认为柴可夫斯基是19世纪80年代俄国文化艺术界仅次于坐第一把交椅的列夫·托尔斯泰的大人物。

柴可夫斯基早在1887年4月就看到了契诃夫发表在《新时报》上的小说《信》，他被小说中人物的恻隐之心所打动。他通过报社了解了契诃夫的情况，并时刻关注这位年轻人。两个月后，柴可夫斯基在《新时报》上又读到了契诃夫的另一篇短篇小说《幸福》。在1888年5月间，他读到了契诃夫的《草原》。当读到“困倦的、凝滞的空气已充满草原上夏夜所必有的单调的闹声：蟋蟀不停地唧唧叫，山鸡打鸣儿，小夜莺在两里外的峡谷里抖起嗓子唱歌——”时，他分明感到草原的天籁在契诃夫的描绘下成了诗的交响曲，在恣意奔腾。柴可夫斯基产生了要见见这位天才作家的强烈念头。而契诃夫更是崇拜柴可夫斯基，认为他的作品反映了沙皇专制统治下的俄国广大知识分子阶层的苦闷心理和对幸福美满生活的深切

柴可夫斯基送给契诃夫的照片

渴望；特别是作品中充满着强烈的戏剧冲突和炽热的感情色彩，对自己的创作影响至深。显然，两位艺术家在心灵深处达到了契合，相互欣赏着对方的才情。

在柴可夫斯基的弟弟莫戴斯特的帮助下，1888 年 12 月下旬，柴可夫斯基和契诃夫在圣彼得堡莫戴斯特家里相见。柴可夫斯基的纯朴、谦逊与善良使契诃夫深受感动。同样，柴可夫斯基也很喜欢这位幽默风趣的年轻作家，认定契诃夫为“俄国文学未来的柱石”。那次短暂的会晤，给彼此留下了深刻而良好的印象，两人的友谊快速地发展着。

契诃夫准备将小说集《忧郁的人》献给柴可夫斯基。1889 年 10 月，他在给柴可夫斯基的信中写道：“请允许我把这本小说奉献给您。我非常希望得到您的肯定回答，因为这个奉献，第一，它能给我带来很大的满足；第二，它能多少表达我对于您深深的敬意和每日的思念……”

柴可夫斯基读信后激动地提笔要写回信，怎奈自己的感激之情竟无法用文字表达。第二天，柴可夫斯基从莫斯科郊区的住处专程到契诃夫位于市中心库德林花园街的寓所（今莫斯科契诃夫纪念馆）面谢。

面对柴可夫斯基的突然到来，契诃夫十分激动和惊喜。这次见面两人进行了愉快的谈话，在不知不觉中度过了几个小时。柴可夫斯基谈到了普希金，谈到改编歌剧《奥涅金》；谈到了莱蒙托夫，谈到了为他的诗《悬崖》配写的一首无伴奏混声合唱曲《金色的云夜晚栖息了》。契诃夫说自己也是莱蒙托夫的崇拜者，也很爱他的诗《悬崖》，曾将它作为自己的小说《在路上》的卷首诗。两人都为相互之间的心有灵犀而惊喜不已。柴可夫斯基提出与契诃夫合作，将莱蒙托夫的小说《当代英雄》里的《贝拉》改编成歌剧，请契诃夫写脚本。契诃夫欣然同意。

随后，柴可夫斯基应契诃夫的请求差人送来一张签名照和一张便条，照片的背面写着：安·巴·契诃夫留念，1889.10.14。柴可夫斯基在便条上写着自己对契诃夫的谢意，并诚恳地索要一张契诃夫的照片。契诃夫非常感动，立即把自己的签名照和一封信交给柴可夫斯基的信差，他在信中写道："我深深地向您表示感谢。送上一张照片、一本书，如果我拥有太阳，我也会把太阳送给您的。"从此，契诃夫的书桌上一直摆放着柴可夫斯基的这张照片。

这次会面后，两人都沉浸在无尽的愉悦中。过了几天，柴可夫斯基派人送来一张俄罗斯交响音乐会的季度请柬。从此契诃夫全家得以经常出席作曲家亲自指挥的音乐会。契诃夫对歌剧《奥涅金》情有独钟。他一向认为，在普希金的诗体小说里，达吉亚娜写信那一节，是俄国古典文学中表达人物内心体验的杰作。而在柴可夫斯基歌剧里的写信那一场，契诃夫感到它无愧于原著，堪称艺术珍品。他认为普希金的诗与柴可夫斯基的音乐珠联璧合，皆以高度的抒情性展示出了一位纯真少女的美好情怀。

柴可夫斯基的思想和作品一直深深地影响着契诃夫。戏剧导演梅耶和荷德曾说，从契诃夫的绝笔之作《樱桃园》剧本里，就分明能感受到"柴可夫斯基的交响旋律"。

精神世界的痛苦

19世纪80年代，俄罗斯帝国的政治气候异常，反对沙皇专制政权的革命运动跌入了谷底。其间，契诃夫的心情变得忧郁，特别是俄国作家迦尔洵因神经错乱自杀身亡，契诃夫的心更是受到了强烈的震动。

俄国作家迦尔洵生于中等贵族家庭，有遗传性的精神病。青年时期作为军人参加过俄土战争。1876 年开始发表短篇小说等作品，曾受到托尔斯泰和屠格涅夫等人的赞许。他的作品以心理分析著称，反映了人民的苦难，体现了向往自由、反对邪恶势力的精神。他体验着人间的痛苦，同情被压迫者的命运。他生前对契诃夫的《草原》大加赞赏。

契诃夫感慨迦尔洵“以一身来担人间苦”的痛苦内心，创作了短篇小说《神经错乱》。小说的主人公法学系学生瓦西里耶夫的痛苦分明就是迦尔洵的痛苦，当然也有契诃夫的内心苦楚。

1888 年下半年，契诃夫经历了对人的生命与价值的思考，将 1887 年秋创作的剧本《伊凡诺夫》进行深度的加工和修改。他把知识分子的苦恼和哀伤集中到了伊凡诺夫身上。剧中的主人公伊凡诺夫总是心事重重，未老先衰，他并不去寻找生活的出路，却只是思考自己不幸的原因。尽管他拥有过一切，却失去了生活的目标和意义，成了茫茫人海中的一个“多余人”。这部作品展示了俄国知识分子的生活悲剧，批判了人们缺乏坚定的信念、经不起生活的考验。

1889 年秋天，契诃夫发表了中篇小说《没有意思的故事》。说的是一位把一生献给科学的老教授尼古拉·斯捷潘内奇在晚年开始寻找“活着的神的那种东西”。契诃夫清楚地知道这是找寻不到的。“自觉的生活……就不是生活，而是一种负担，一种可怕的事情”，不难捉摸到他的这种心情和认识。老教授发出了“我活过的 62 年应该是白活”的感慨，反映了知识分子对现实人生的深层次思索。

契诃夫的作品《在黄昏中》《忧郁的人》，以“黄昏”和“忧郁”

为书名，体现了契诃夫精神世界的痛苦，他在痛苦中挣扎着，也试图在哲学中寻找解脱。

面对污浊的社会现实和不公正的社会现象，契诃夫有着强烈的社会责任感，他认识到，“文学家不是做糖果点心的，不是化妆美容的，也不是给人消愁解闷的；他是一个身负责任的人”。人活着就要有自己的世界观，这样活着才有意义。他要冲破生活的、思想的牢笼，他想要自由地写作，他要呼吸大自然的空气，他要走进那些饱经苦难的人的心灵。

1889 年 6 月，契诃夫最亲近的二哥尼古拉病逝，消息传来，他无比悲痛。他曾这样写道：“我这一生都不会忘记那泥泞的道路、灰色的天空、树枝上的泪水。”

契诃夫的内心遭受着极大的困惑和痛苦，他想走出去，走向大自然。他在 1890 年初写成的短篇小说《贼》中，表达着要冲破生活的樊篱的想法。在这种压抑的心情下，他还创作了独幕剧《被迫无奈的悲剧角色》《结婚》等。

为了摆脱这些难以忍受的痛楚，他决定前往萨哈林岛考察。此时他已出现疑似肺结核的症状，多次咯血，身体十分虚弱。好友苏沃林不同意他去，但是他坚持说“有必要”到这个“不可容忍的痛苦之地”去研究苦役犯的生存状态。他要做思想上的苦行僧，行动上的“逃离”者。最终苏沃林同意并支持契诃夫以《新时报》记者的身份去采访和调研。

契诃夫走出了家门，向着萨哈林岛进发。

·萨哈林岛之行

萨哈林岛是北太平洋上俄罗斯联邦最大的岛屿，位于黑龙江（阿穆尔河）出海口的东部。东面和北面临鄂霍次克海，西隔鞑靼海峡及涅韦尔斯科伊海峡，与俄罗斯哈巴罗夫斯克边疆区相望，南隔宗谷海峡（俄方称为拉彼鲁兹海峡），与日本北海道宗谷岬相对。这个岛的面积为7.64万平方公里。当时，那里是一座监狱岛，是俄罗斯帝国政府安置苦役犯和流放犯的地方。

萨哈林岛之行是契诃夫的一次人生体验旅程，他要横穿西伯利亚，开始漫长的旅程。他要独自一人去感受大自然、聆听大自然，做一个全新的自由人。

1890年4月9日，亲友们在莫斯科车站为契诃夫送行，并默默地祈祷他此行一路平安。

契诃夫先乘火车到雅罗斯拉夫尔，然后乘船顺着伏尔加河和卡姆河到彼尔姆，再坐火车到秋明。接着改乘马车到托姆斯克，继而向克拉斯诺亚尔斯克进发。过了克拉斯诺亚尔斯克，就进入了原始森林。经过长途跋涉，到达伊尔库茨克。一路上的马车颠簸，又正值夏季，天气的炎热和道路的泥泞，让契诃夫的旅行遇到了极大的困苦，给他带来了身体的不适，但契诃夫的精神世界是快乐的。

过了伊尔库茨克，贝加尔湖的美景就呈现在他的眼前了。契诃夫在此驻留了两天，尽情地欣赏贝加尔湖的风光，这是集“瑞士、顿河和芬兰之美的综合”。之后，他乘坐“叶尔马克”号轮船前往萨哈林岛。

途中轮船来到了位于俄国布拉格维申斯克和中国古城瑷珲的黑龙

江江面。这是条分界河，左岸是俄国，右岸就是中国。契诃夫无比兴奋地来到甲板上， 看到数不清的各种叫不出名的长喙精灵在追逐着轮船溅起的浪花，心中感到无比欢快和自由。他在俄国边城布拉格维申斯克走下船，然后又登船来到中国边城瑷珲上岸浏览。他看到了两岸荒蛮的土地，没有村落人烟，满眼的巍峨群山、茂盛的森林、辽阔的海面，心情无比激动。他在这一天的日记里写道："这就是阿穆尔河（黑龙江）……我在阿穆尔河漂流1000俄里了，欣赏到如此多的美景，得到如此多的享受，即使我现在死去也不觉得害怕了……无论是在瑞士还是在法国，从来没有感受到这样的自由。"

如今的布拉格维申斯克的广场上立着一块纪念石碑，上有一行字："1890年6月27日安东·契诃夫曾在此停留。"而在瑷珲古城遗址纪念馆里，则立着一尊契诃夫的石像。

在船上，契诃夫认识了一些中国人，他感到了中国人的善良和友好，其中让他印象最深的是与他同住一个船舱的叫宋鲁利（音译）的中国人。宋鲁利爱唱歌，他的扇子上都写着曲谱。他还经常给契诃夫讲述有关中国的一些事情，让契诃夫感到很新奇。这在契诃夫给妹妹的信中还曾特别提到。

滔滔的江河与宁静的大海，给契诃夫留下了美好的回忆。在后来的日子里，契诃夫还经常提及这段漂流之旅。

1890年7月下旬，契诃夫乘船经过了鞑靼海峡，终于到达了萨哈林岛西部城市亚历山德罗夫斯克。这时他离开莫斯科已经3个月了，契诃夫走过了西伯利亚这条"全世界最长、似乎也是最不像样的道路"。

萨哈林岛是一个长条形岛屿，四面环水，该地区气候寒冷，夏季短暂，冬季长达6个月，冬天的平均气温都在零下19至零下24摄氏度之间。俄罗斯帝国把它当作罪犯无法逃脱的天然监狱。从19世纪60年代起，政府把成千上万的政治犯和刑事犯流放到这里，从事苦役劳动。

契诃夫以《新时报》记者的身份开始对岛上犯人和居民的真实生活进行实地考察，为此他制作了1万张卡片。他几乎走访了所有的居民，走进了每一家农舍，对岛上近万名囚犯和居民逐一进行登记入册，并记录他们的简况，但他不问他们是因为什么被流放到这里来的，他对这些不幸的人存有恻隐之心。契诃夫还阅读了大量的文件、档案资料。他参观监狱，甚至目睹了死刑和各种酷刑，犯人的每一个微小的错误，都会被施以鞭刑。尽管岛上的督军在这位来访的作家面前美化了囚犯的生活，但契诃夫亲眼看见的却是野蛮、痛苦、灾难和死亡。这里的天气极其寒冷，生存环境极其恶劣，空气污浊，垃圾遍地。看管人员迫害人和虐待人的手段繁多且极其残酷。这里的人们，在这严酷的环境里，信仰一年一年丧失，仇恨在一天一天增加，到处是悲观主义者。他们带着忧郁的神情，不停地述说自己的苦难。

契诃夫看到了岛上饥饿的儿童，看到了年仅13岁的情妇、15岁的孕妇，了解到了一些不知道自己父亲和母亲姓名的、自称为私生子的孩子们的生存状况。孩子们用冷漠的目光看着那些戴着镣铐的囚犯，他们模仿士兵和囚犯的样子做游戏，他们谈论的是流浪者、荆条，他们知道刽子手在做什么。看着这些孩子，契诃夫内心无比惆怅，他们何罪之有啊！没有人为孩子们负责，更谈不上教育。他深深地忧虑着孩子们的未来，也只能用文字寄予对他们的深切关注。

一天晚上，契诃夫留宿在德尔宾斯基村的一个小客栈里。半夜里，他被隔壁监狱的呻吟声惊醒：“哎嘿，我的上帝！”这近乎绝望的声音，深深地震撼了他。契诃夫在这恐怖的环境里感到自己都快发疯了，这简直是一座人间地狱。

3个月的考察，让契诃夫内心深受震动，他在后来的《萨哈林岛游记》中写道：“当一个不久之前还被人呼作老爷、竟相亲吻他的手的人，现在穿着破旧的大衣直挺挺地站在您的眼前时，您不会去想犯罪的事。”契诃夫看到了人类命运的无常，他思考着人的成功与失败、自由和权利等问题，体会到人类对公正和宽容的渴望。契诃夫的博大胸怀和人文情怀，超越了一个作家对生活素材的单一追求，他的人格变得格外神圣。

1890年10月下旬，契诃夫结束了3个月零两天的考察，乘坐“彼得堡”号轮船离开萨哈林岛，经日本海、印度洋、红海、苏伊士运河到君士坦丁堡（今为伊斯坦布尔），于1890年12月中旬抵达俄国远东海港敖德萨。回程的路比较顺利，他的心情也好了些。只是在途经亚洲海岸的时候，死了两个旅客，尸体被扔到大海中去了，契诃夫目睹了这个过程。当看到帆布包裹的尸体被旋转着抛入海中，他感到一股凉气涌到心底，仿佛自己也被抛入了海里。这种人生的悲凉影响了他以后的很长一段时间。之后，契诃夫坐火车回到了阔别8个月之久的莫斯科。

萨哈林岛地狱般的景象和西伯利亚城市的贫穷给契诃夫留下了深刻的印象，使他对黑暗的现实有了更进一步的认识。这使他日益疏远甚至否定那曾经占据他心灵长达六七年之久的“勿以暴力抗恶”的托尔斯泰哲学思想。

回到莫斯科的第二天，契诃夫就写信给苏沃林谈这次旅行的感受：

“我们太缺少公正和宽容，我们对爱国主义的理解也是不对的。”又说：“在去萨哈林岛之前，《克莱采奏鸣曲》（托尔斯泰的作品）对我来说是个了不起的东西，而现在它让我觉得可笑。也许是这次旅行使我更成熟了，也许是我的脑子出了毛病。”

这时契诃夫的身体出现了不适，不停咳嗽、心脏不舒服。随之而来的是心情也不好了，他总是感觉有双眼睛在暗中注视着自己，旅途中那两个死去的旅客、海上那冰冷的漩涡挥之不去。为了驱散心头的不快，他以此为素材写就了小说《古塞夫》，将这个作品交给了苏沃林后，他的心情略好了些。

萨哈林岛之行提高了他的思想觉悟，拓展了他的创作视野。他对俄罗斯帝国的专制制度有了比较深刻的认识，对人民的生存状况心生悲悯，正如童道明先生在《契诃夫名作欣赏》一书的序言中写的：“冷眼观察世界、揭露社会病象的契诃夫，同时也是热心拥抱这世界、充满人道精神的善人契诃夫。”之后，契诃夫着手写报告文学《萨哈林岛游记》和中篇小说《决斗》，他要以笔呼唤，让一个自然人在精神上获得充分发展，让所有人平等地共享民主和自由的社会。

· 欧洲之旅

回到莫斯科的契诃夫，沉浸在萨哈林岛上的所见所闻中，深刻反思“勿以暴力抗恶”的托尔斯泰主义思想和现实生活的冲突，他把自己的情感付诸中篇小说《决斗》的写作中。这时，苏沃林邀他一起去欧洲旅行，契诃夫放下手中的写作，欣然应允。

1891 年 3 月下旬，契诃夫与苏沃林父子一同游历了维也纳、威尼斯、佛罗伦萨、热那亚、罗马、蒙特卡罗和巴黎。

维也纳是当时欧洲的一个重要都市，是奥匈帝国的首都之一（双首都，另一首都为布达佩斯）。维也纳的街道宽阔而美丽，有街心花园、精美的雕塑，还有美轮美奂的建筑。街旁的商店橱窗里，摆放的商品让人充满幻想。“圆舞曲之王”小约翰·施特劳斯创作的圆舞曲《蓝色多瑙河》回荡在契诃夫的脑海中。这里是以现代主义为代表的文化城市，新艺术运动展现在城市建筑上，金色音乐大厅屋顶上竖立着许多音乐女神雕像，古雅别致。契诃夫置身在这厚重的文化氛围中，内心充满喜悦，对人类社会的未来充满信心。

威尼斯这座水城，更让契诃夫心花怒放。威尼斯位于意大利东北部，是闻名世界的水乡，也是意大利的历史文化名城。威尼斯的桥梁和水道纵横交错，四面贯通。陆地与水面相接，鸽子与海鸥同飞。契诃夫坐着游船“贡多拉”穿行于桥下，看着水上各种精美建筑，感受着蜿蜒的水巷，体验流动的清波。哥特式、巴洛克式、文艺复兴式教堂，或大或小的钟楼，房屋的门窗、廊上雕刻的精美的图案和花纹尽入眼底，每一处都泛着浪漫温馨，缀满诗情画意。特别是在夜晚，水面在月色下泛着柔和的亮色，挂着灯的贡多拉在随波起伏，人们怀抱曼陀林琴在悠闲地弹唱，那种美丽令人窒息。

契诃夫看着这富足和自由的城市，想到了自己祖国的贫困和沙皇的专制统治，想到了萨哈林岛的那些场景，这强烈的反差让他无比感慨。

教堂里祥和的音乐，1900 多年前的救世主耶稣的形象，让他有了一种莫名的激动，一瞬间他有了“真想永远留在这里”的念头。

这种感受在契诃夫日后创作的短篇小说《大学生》中体现得很充分。契诃夫对这个作品很满意，甚至有些偏爱，因为这里有一种情绪在跃动。这说明在契诃夫忧郁的外表下，有一颗火热的心。这次欧洲之旅，正如他在《海鸥》中所说，寻找到一种共同的世界灵魂。契诃夫的欧洲之行，让自己的精神世界达到了一个崭新的境界。

· 乡间别墅小住

1891 年 5 月，契诃夫旅欧归来。这次出行与萨哈林岛之行反差太大了，他的心中有太多的感受，创作的激情在涌动。他要离开尘世的喧嚣埋头写作。他在阿历克辛乡间租了一个别墅。这里邻近车站，信件往来比较方便。环境也很安静，树木繁盛，附近有一条叫作奥卡的河。在这里契诃夫继续写《萨哈林岛游记》和中篇小说《决斗》。乡间的生活安静却有些枯燥，这倒是让他的写作进度很快，他完全投入到创作中去了。《萨哈林岛游记》内容庞杂，他一直在写，他的思绪在萨哈林岛与现实的政治制度、人性的问题中纠结着。而中篇小说《决斗》在 8 月就写完了。

在 18—19 世纪的俄国，决斗是贵族间盛行的一种风俗，他们用手枪同时射击对方，以此来解决问题。许多贵族作家，如格列鲍耶托夫、普希金、莱蒙托夫、涅克拉索夫、托尔斯泰等都有过参加决斗的经历，其中普希金、莱蒙托夫不仅在自己的作品中写过决斗，还在现实的决斗中断送了性命，给后人留下了莫大的遗憾。俄国的决斗史，称得上是一部集痛苦、死亡、荣誉、崇高激情和道德堕落于一身的悲剧史。而契诃夫的《决斗》的结局，是制止了这场公开的杀戮。在写作的过程中，为扭转当时的社会风气和历史的思想惯性，契诃夫付出了筋疲力尽的代价。小说中的教堂执事波别多夫用执着的呼唤，最终让两个仇敌没有用手枪击中对方。契诃夫用这样一段话表达着对生活的思考：“海浪把船抛回来了，它进两步、退一步……生活也是这样……寻求真理的时候，人也进两步、退一步……寻求真理的热望和固执的毅力推动着他们不断前进……”

乡间别墅生活让契诃夫真正感受到大自然的美好。1891 年 9 月，他离开了阿历克辛的别墅，回到了莫斯科。这时的他已经对城市生活感到不自在了，感觉被关在四堵墙里，失去了自由。脱离了大自然，契诃夫异常苦闷，好像缺少了创作的激情。因此，他让妹妹在远离莫斯科的地方置办一处庄园。

▲ 05　创作高峰期

创作的全盛期。

创作出优秀的中短篇小说《套中人》《关于爱情》《醋栗》等 。

创作出经典之作《海鸥》《樱桃园》。

· 移居梅里霍沃庄园

梅里霍沃庄园位于莫斯科州谢尔普霍夫县，距莫斯科市约 70 俄里（1 俄里≈ 1.0668 千米），离洛帕斯尼火车站约 9 俄里。整个庄园面积 213 俄亩（1 俄亩 =0.0109 平方千米），其中森林 160 俄亩，还有两个水塘，一条小河，一个果园，一座新屋。这是契诃夫的妹妹玛丽亚在 1892 年 2 月帮助哥哥购置的，这花光了契诃夫的积蓄。

契诃夫的妹妹玛丽亚 · 契诃娃是一位具有传奇色彩的伟大女性。玛丽亚本可以成为一名画家，列维坦曾高度评价她的艺术才华；她本可以充分享受爱情，有两位男士终生爱慕她，但她却选择了为哥哥契诃夫的事业放弃自己的人生追求。当契诃夫决定把家搬到农村去时，玛丽亚为购置庄园四处奔走考察地点。玛丽亚看到契诃夫每年春天咳嗽都很厉害，便暗下决心终身不嫁，要照顾好哥哥的生活并支持哥哥的事业。经过她的多次考察，终于在莫斯科近郊梅里霍沃村买下了一座庄园。

1892 年 3 月中旬，契诃夫移居梅里霍沃庄园。在有 3 扇大窗子的书房里写作，他感到神清气爽，听着房顶雪融化的声音，他感受着这个可以触摸的春天。

梅里霍沃庄园确实是份不小的产业。契诃夫的父亲和妹妹玛丽亚管理着这个庄园。父亲侍弄着庄园的花草树木，妹妹常年奔波在梅里霍沃至莫斯科的那条坎坷泥泞的路上。

1892 年的梅里霍沃庄园

庄园里有各种花草，还有苹果树、樱桃树、李子树等各种果树。契诃夫在庄园里忙碌着，他喜欢种花和栽树，他乐于与大自然朝夕相处，看着各种植物生长和变化，领悟和感受生命的盎然。他倾听嫩芽破土的声音，听林中鸟儿的欢语，看着树苗缓缓地生长，看绿色在园中层层弥漫。这美妙的环境，是契诃夫文学创作的精神和物质源泉，他作品中的一座座花园就是梅里霍沃庄园的写照，那早春赋予的色彩斑斓的天地已经置入《黑修士》中彼索茨基家的花园里，构成其彩色的王国。

远离城市的契诃夫，享受着梅里霍沃大自然的美景，也感受着生活在人民中间的乐趣。

玛丽亚是梅里霍沃庄园的女管家

· 热衷于公益事业

契诃夫十分热衷于公益事业，他在村庄里办起学校，让孩子们接受良好的教育；他还经常向当地的图书馆赠送图书。在 1892—1893 年，他在谢尔普霍夫县参加扑灭霍乱的工作，他的医生身份也派上了用场。他主持梅里霍沃医疗站的工作，控制住了 25 个村庄、4 个工厂和一个修道院的疫情，扑灭了霍乱传染病源，免费为贫苦农民看病。他悉心地为就诊的人们制作病历卡片档案，以便观察病情和更好地治疗。

契诃夫认识到作家就需要生活在人民中间，要有切身的体验，要有社会生活和政治生活，只有这样，才能反映人民的内心世界。他对俄国

1892 年春，契诃夫在梅里霍沃

农民的认识，有别于一般人认为的饥荒中人们的哭哭啼啼、怨天怨地、牢骚满腹的生活场景。他在短篇小说《妻子》中描写的景象是这样的："没有一张慌张的脸，没有求救的呼声，没有涕泣，没有谩骂，四周全是寂静，秩序，生活，雪橇，长着蓬松的尾巴的狗。"他们住在草房里，微笑着生活，没有愁苦，这让契诃夫感到"没有一种灾难能够挫折这个民族"。

契诃夫在这里确实看到了严酷的社会制度及生活悲苦给农民带来的身心伤害。1891 年至 1892 年年初，农村大饥荒发生时，契诃夫积极投身到下诺夫哥罗德省和沃罗涅日省的赈济灾荒工作中。因此，他的所见所闻和所思比一般作家更为深刻。他在 1897 年发表的《农民》中写道："残酷的冬季，稀少的收获，人口的过度稠密""他们生活得比牲口还糟"。契诃夫为受苦受难的俄国农民祈愿："东正教的教徒啊，看在基督的分上，尽您的心多多周济吧……"倾情的呼唤，体现了契诃夫的现实主义思想和人道主义情怀。

契诃夫的作品引起了社会的强烈关注，他在梅里霍沃居住期间写的小说和戏剧，不仅轰动了当时的文坛和剧坛，而且都成为流传后世的名篇。在这里，他迎来了自己生命中的创作高峰期。

社会责任的担当和批判精神的创作

最初来到梅里霍沃的时候，契诃夫想尽快完成《萨哈林岛游记》的写作。由于契诃夫在去萨哈林岛的过程中经历曲折，在岛上采访的人数众多，当时的所见所闻对他内心的震动很大，所以，写起来真是感慨万千。在其写作过程中，任何一个情景单元都能构成小说的素材。比如《凶杀》中的主人公亚科甫·伊凡尼奇的原型就是在萨哈林岛监狱里那个痛苦呻吟的人。

契诃夫用了3年的时间才完成《萨哈林岛游记》这部巨著。《萨哈林岛游记》一书记叙了契诃夫在萨哈林岛考察过程中的全部经历，包括收录了途经西伯利亚、在萨哈林岛上考察以及沿途的随笔和札记等。一路上所见的景色和发生的事情，以及岛上人们的苦难生活，契诃夫都从客观、冷静、充满责任感和人道主义精神的角度进行了叙述，全书极富感染力。

萨哈林岛这座人间地狱，让契诃夫经历了真切的难以平静的身心体验，他开始对社会对人性进行拷问。他写下了与萨哈林岛之行有关的4篇小说，分别是《古塞夫》《在流放中》《第六病室》

1893年，大病初愈的契诃夫在梅里霍沃

《凶杀》。

在《在流放中》中，契诃夫既批评了逆来顺受的不抗恶主义，也否定了苦行僧式的禁欲主义和看破红尘的悲观态度。

《第六病室》是一部思想深刻、艺术完美的中篇小说，它表现的是重大的社会课题。小说一经发表，就引起了社会的强烈反响，成为当时最震撼人心的作品。契诃夫在小说中将“疯子”格罗莫夫和“有头脑”的格罗莫夫的描绘巧妙地穿插起来，而且匠心独运地安排了“疯子”格罗莫夫同“健康人”拉京医生之间的争论，十分自然地给读者造成一种印象：在沙皇专制的俄罗斯帝国，善于思索并敢于直言者被认作疯子，而洞察专制制度罪恶的恰好是这些疯子和狂人。正直、善良，但不懂得生活的拉京医生的遭遇烘托和强化了读者的印象：只因为拉京同格罗莫夫交谈过几次，他竟然也被视为精神病人而被关进第六病室，直至惨死在那里。行凶人尼基塔是医院的看守，他代表的是统治阶级的鹰犬，他认为不打人医院就乱了。他不管被打的人是谁，尽管他昨天还称拉京是尊敬的“老爷”。临死前拉京“那乱糟糟的脑子里清楚地闪过一个可怕的、叫人受不了的思想：这些如今在月光里像黑影一样的人，若干年来一定天天都在经受这样的痛苦”。他明白是因为自己先找到了这个有头脑的被认定是疯子的人，所以自己就得在这儿遭受痛苦。契诃夫在这里控诉了沙皇管控下的思想监狱的阴森可怕，猛烈抨击沙皇专制暴政，反对官僚们对人民群众精神的摧残。作品气氛压抑，思想深刻。少年列宁读到这篇小说后受到强烈的感染，说自己“觉得可怕极了”，以至于“在房间里待不住”“觉得自己好像也被关在六号病房里了”。

《第六病室》是契诃夫对萨哈林岛上种种野蛮、痛苦和灾难现象的直接反映，体现了契诃夫强烈的社会责任担当。

《第六病室》是契诃夫所有作品中色调最深沉的一篇小说，是契诃夫创作的转折点。文章虽然没有找到那一抹灿烂的阳光，但引发了深深的社会思考。

从此以后，契诃夫的中短篇小说具有了更强烈的社会性、批判性和民主性，而其艺术性没有丝毫减弱。

契诃夫在思考着人们命运的无常，产生了人与人应该是平等的思想，不应有“天才”和“凡人”之别，不应有“成功”和“失败”之论。他创作了《跳来跳去的女人》《匿名者的故事》《黑修士》《我的一生》《挂在脖子上的安娜》《三年》等，这些作品体现了契诃夫人人平等的思想。

《黑修士》是一篇具有象征意义的小说。主人公柯甫陵有“自大狂”病症，但他“自大”的意识是在叶果尔·谢敏内奇和达尼雅父女俩的怂恿下强化的。他被这父女俩喜欢，是因为他的“天才”。当他与黑修士相遇交谈时，幻觉就消失了。失去了“天才”，成为“普通人”，尴尬便产生了，结局必然是悲剧性的。

《我的一生》表现了一个社会底层的劳动者所要的有尊严的平等的生活，小说的主人公不在衙门供职而选择当一名油漆工人，痛斥没有生机和闪光的社会和人生。

《挂在脖子上的安娜》描写了一个穷苦的姑娘安娜为了改变命运，减轻家里的负担，嫁给了一个有钱但是年老丑陋的官僚，靠丈夫的小施舍生活。这个官僚骂她吃白饭，要求她顺从，让她向自己表示感谢，还经常羞辱她的家人。她一直忍受着。一个大人物发出的参加舞会的邀请，改变了她的命运。后来她从被丈夫“挂在脖子上”变得可以在家、在社交场上随心所欲，可以为丈夫升职展开交际。她从一个纯朴的少女逐渐被金钱社会腐蚀成一个虚荣、庸俗、冷酷的女人。契诃夫的这个短篇小说讽刺了当时俄国社会的黑暗面，抨击了各种错误思想及小市民庸俗的习气。

《三年》写的是在家族传统压迫下的主人公拉普节夫，对上流社会商人家庭的诸多传统带给人们的精神奴役进行的思索；认为需要一种“更强大、更勇敢、更迅速的斗争方式”，要走出日常活动的狭隘圈子，去影响广大群众。契诃夫的创作发出了“不能再这样生活下去”的呼声。

在梅里霍沃，契诃夫看到了农村宁静的景色，也看到了农民的贫穷。他真正接触到了农民，了解了他们的疾苦。

在《农民》中，契诃夫以清醒的现实主义笔触描绘了当时俄国农村社会现状，展示了农村中贫富悬殊的差距，反映了农民的物质和精神生活的赤贫和愚昧、落后和野蛮，表达了劳动者身上的一种自发的不满和反抗情绪，体现了他对农民悲惨命运的关心和同情。

在《在峡谷里》中，契诃夫揭露了农村资产阶级——富农疯狂地掠夺财富和残忍本性，反映了资本主义渗透农村的情况，对政府美化农村公社生活进行了有力的反驳。

在梅里霍沃庄园附近，有一些资本家的工厂和地主的庄园，契诃夫经常在那儿进行采访。他了解了工厂主及继承者们精神上的苦恼，指出了他们即使拥有了财富也不一定拥有人生的幸福。他写出了《女人的王国》《出诊》《在故乡》等小说作品。

《女人的王国》写的是一个拥有 5000 个工人的工厂主的重重烦恼。《出诊》的女主人公丽莎是 5 座厂房的继承人，她得了怪病，意识到生活没有意义和不合理，因而深深地感到不安，此病无药可医。这表明资本主义“魔鬼”不仅压榨工人，而且也折磨着工厂主及其后代的良心。

《在故乡》中的主人公薇拉是一个地主庄园的继承人，她从城里回到故乡，看到的是年轻人为某些琐事不停地争吵，对应该关心的政事却木然，没有国家、祖国的概念，对社会上的各种事物和问题不感兴趣。她看不到美好的生活，认定“幸福和真理存在于生活之外的什么地方”。作品表达了在资本主义迅速发展的俄国，科学技术水平的不断提高和社会进步，却给广大劳动群众带来了灾害和苦难，也给工厂主们带来了精神上的不知所措，强者弱者同样受苦受难。

在 1898 年，契诃夫创作了“短篇小说三部曲”《套中人》《醋栗》和《关于爱情》。

在《套中人》里，契诃夫揭示了 19 世纪 80 年代反动力量对社会的压制导致主人公别里科夫思想的保守和行为的懦弱。他不仅自己被束缚在“套子”的枷锁里，他还要用“套子”束缚周围的人。契诃夫感慨着别里科夫的死，更哀叹着世间普遍存在的“套中人”现象。那句“再不能这样活下去”成为契诃夫对社会现状批判的最强音。

在《醋栗》里，契诃夫刻画了主人公尼古拉·伊凡内奇的自私自利、极其吝啬， 蜷伏于个人幸福小天地的庸人的“人生理想”里，他以攒钱种植醋栗、吃到醋栗作为自己人生中最大的满足和幸福。契诃夫指出这种庸俗的幸福感“是一种普遍的麻木病”，指出金钱的铜臭正在侵蚀着一些人的灵魂。

在《关于爱情》里，契诃夫写的是一次关于爱情的谈话。阿列兴讲了自己经历的一个爱情故事，跟一个已婚女人的爱情只有一次泪水中的拥吻，之后即是永别。因为双方总是不把他们的感情释放出来，而是周密地把这种感情掩盖起来。这是一段没有结局的爱情，留下的只有同友人谈谈这段“爱情”，爱有多热烈就有多无奈。

契诃夫的“短篇小说三部曲”《醋栗》《套中人》《关于爱情》对社会上的庸俗现象和僵化的思想进行了嘲讽和批判，体现了契诃夫短篇小说的特色，不追求情节的吸引人，注重人物性格的塑造，让人物的不同性格形成冲突与矛盾，进而反映社会现实。

1898 年，契诃夫还写了中篇小说《姚内奇》。《姚内奇》里的主人公德米特里·姚内奇·斯塔尔采夫医生因迷上了金钱，由一个朝气蓬勃的青年变成了一个对什么事情都失去了兴趣的钱奴。契诃夫在这里还细致地描述了庸俗的图尔金一家的无聊生活，以及许多在他们家凑热闹的酒足饭饱心满意足的客人们，他们构成了一幅生动的生活场景和一个深刻的社会背景，陪衬着姚内奇的精神堕落，进而说明这是一代人的堕落。契诃夫塑造的这些人物是被掏空了灵魂的人，在自己的头上扣上了精神的枷锁。契诃夫指出：“人所需要的不是三俄尺土地，也不是一座庄园，而是整个地球，整个大自然，在那广大的天地中，人才能尽情发挥他的自由精神的所有品质和特点。”

契诃夫与米齐诺娃的初恋

在19世纪的俄国文学史上，契诃夫的书信跟托尔斯泰的日记堪称两大奇观。契诃夫一生写了4000多封书信，其中契诃夫跟米齐诺娃的书信有67封，从中我们能感受到他的真性情和他们长达近10年的感情。

丽卡·米齐诺娃是契诃夫的妹妹玛丽亚的朋友，她经常来看玛丽亚。契诃夫和他的兄弟们对米齐诺娃很友好。米齐诺娃年轻漂亮，一头金发，身材丰满。她热情开朗，喜爱唱歌，懂三门外语。她第一次来到契诃夫家做客时只有19岁，当时的契诃夫28岁。契诃夫身高中等偏上，眉清目秀，那深邃而明亮的眼睛，既闪烁着睿智的思想，也闪现着质朴的纯真。他说话的声音非常悦耳，赢得了很多女人的青睐。

早在1890年1月，米齐诺娃与契诃夫就开始有了信件往来。第一封信是米齐诺娃写给契诃夫的，信中，她说要写一首哀歌给她心之向往的人，这个感觉很奇妙。米齐诺娃心里爱着契诃夫，但她不能确定对方是不是爱自己，所以心里充满了一种哀怨。可能是年龄、地位，或是社会影响力的原因，他们拉开了彼此的距离；也可能是契诃夫天性善良，心态轻松自在，追求自由，对于任何事物都不顶礼膜拜，对世俗生活的不留意，或者如他小说中的观点，认为夫妻日夜相伴的日常生活是一种庸俗，契诃夫冷静地同米齐诺娃保持着距离。

1890年4月9日，契诃夫前往萨哈林岛时，米齐诺娃和大家一起到火车站为他送行。

丽卡·米齐诺娃

契诃夫从萨哈林岛回来后，米齐诺娃在契诃夫的家中遇到了列维坦。列维坦是一位优秀的画家，他天性敏感，气质忧郁，浪漫多情。他和契诃夫的哥哥尼古拉在绘画和雕塑学校时是同学，与契诃夫在1881年就成为好朋友了，是契诃夫家中的常客。年轻漂亮的米齐诺娃自然引起画家的关注和追求。1891年1月，米齐诺娃试探着给契诃夫写信："如果列维坦哪怕有一点像您，我就会请他吃晚饭了。"她想借此看契诃夫的反应。米齐诺娃就在这些信件中揣摩着契诃夫对自己的感情。

契诃夫在1891年3月去了欧洲，5月回来后，全家搬到莫斯科郊区阿历克辛别墅。离开了莫斯科，契诃夫与米齐诺娃开始了密切的书信往来。5月末，契诃夫给米齐诺娃的信中表现出了他内心的热情："请您来闻闻花香、钓钓鱼、散散步、唱唱歌……请您到我们这儿来吧，我们会热情拥抱您的。"信发出后，没有接到回信，契诃夫在6月上旬又发出一封信，这次是以妹妹的名义请她回信。米齐诺娃的回信在6月下旬到达，收到信的契诃夫当天又写了一封很特别的信，表达了自己的心神不宁，再次邀请米齐诺娃："我们的花园非常好，浓绿的林荫路、幽静的角落、小河、磨坊、小船、月夜、夜莺、火鸟……在小河和池塘里有聪明的青蛙。我常去散步，而且我常常闭着眼睛，把右臂膀弯成一个半圆，想象着是您正与我挽手同行。"此信的特别之处体现在署名上，契诃夫画了一个穿心之箭的图形代替自己的签名，这时的契诃夫对米齐诺娃的感情超出了一般的朋友。

1890年，米齐诺娃等人在火车站为契诃夫送行

契诃夫对米齐诺娃是有爱的，他们一直保持着书信往来。

1892年春天，契诃夫搬到梅里霍沃，米齐诺娃也经常去那里。这时的契诃夫与米齐诺娃的爱情纯真而美好，两人的感情达到了高潮。米齐诺娃在一封从巴黎寄出的信中写道：“为了能够不知不觉地出现在梅里霍沃，坐在您的沙发上，和您聊上10分钟……我愿意牺牲一半的生命。”她对契诃夫的痴情与日俱增。在另一封信里米齐诺娃说：“我每天都要在日历上划去一天，距我无上幸福的日子还剩310天！”面对痴情的年轻姑娘，契诃夫回信这样说：“这让我很高兴，但是否可将这无上幸福的日子推迟两三年？”“无上幸福的日子”就是结婚的日子。契诃夫是个善良的人，他关心着人们的疾苦，不想伤害任何人，但他却伤害了米齐诺娃。他在信中说自己是一个苍老的年轻人，他这样写道：“我的爱情不是太阳，无论是对于我本人，还是对于我爱的小鸟，都成不了春天的气候! 我热烈爱着的，不是你，在你身上我爱着我过去的痛苦和失去的青春。”这让情绪高涨、充满了爱的渴望的米齐诺娃不知所措。

就在契诃夫和米齐诺娃热恋的那几年里，他一直怀疑“幸福婚姻”能否带来“幸福生活”。契诃夫在向米齐诺娃传达着他不准备结婚的信息，但又割舍不了对她的爱，他自己也因此而纠结。其间，他写的小说《文学教师》正是这阶段自己内心的真实写照。

《文学教师》中的教师尼基丁和玛霞谈恋爱时，眼中所有的一切都是美好的。刚结婚时，每一个日子都是幸福的、愉快的。但是度过了一段幸福的家庭生活之后，尼基丁感到这种日复一日的生活很庸俗、很可怕，于是，他生出了逃离之心。这正是契诃夫的观念，反对庸俗，认为夫妻日夜相伴是一种庸俗，他不想有这样的婚姻生活。

在米齐诺娃与契诃夫相恋的日子里，契诃夫始终没有给她一个结婚的承诺。当列维坦追求米齐诺娃的时候，契诃夫的内心情感被触动，某种感伤、遗憾涌上心头。他对爱不愿放弃，于是发出这样的感慨：“没有您，我很寂寞，我愿意出5个卢布买到与您攀谈5分钟的机会。”但一想到日复一日的婚姻生活，契诃夫就忍受不了，他不愿被束缚。面对契诃夫的摇摆不定，米齐诺娃还是失望了。她痛苦地确认自己这场刻骨铭心的爱恋终将是一个悲剧性结局。

这时，契诃夫的朋友俄国作家帕塔宾科常到梅里霍沃做客，米齐诺娃与之相识。帕塔宾科在当时是个名气非常大的作家，帕塔宾科的出现，让米齐诺娃的情感失去了平衡，她与帕塔宾科于1894年春天私奔到巴黎，并有了孩子。契诃夫内心感到悲凉和失落。可是不久，他就听说帕塔宾科抛弃了米齐诺娃。

1895年春，米齐诺娃回到莫斯科。她又成为梅里霍沃的常客，生活又回到了原来的轨道。他们似乎变成了轻松愉快的朋友关系，仍然开彼此的玩笑，但已经没有了激情。不久，米齐诺娃的孩子夭折了。如花的岁月就这样在情感的磕绊中过去了，她强迫自己生活在失忆中。她的爱，她的青春，她的一切与契诃夫有关的梦想都远去了，现在的她更强烈地想当一名演员。

1897 年，契诃夫和初恋米齐诺娃在梅里霍沃庄园

生活的变故并没有让米齐诺娃放弃对契诃夫的爱，她在1898年10月给契诃夫的信中写下这样一段文字：

“我知道，直到我生命最后一刻，我的全部思想、感情、歌声和力量，都是属于你的！”

米齐诺娃是契诃夫最纯洁的初恋，她爱情的失败和失去孩子的痛苦，让契诃夫觉得是自己伤害了米齐诺娃，可这又何尝不是伤害着自己呢？这种向往式的、遗憾式的感情结局，激发了契诃夫的文学创作热情。

1895年10月，契诃夫在梅里霍沃庄园里写下了剧本《海鸥》，剧中“海鸥”的原型就是米齐诺娃。在《海鸥》所有的人物里，女主人公妮娜是最可爱、最朴实、最善良的人物。米齐诺娃也把《海鸥》中的女主人公看作是自己，她曾说：“我是契诃夫的海鸥。”

《海鸥》是契诃夫戏剧剧本里最复杂的一部，戏的主题是对另一种生活的向往。剧本中的妮娜就是米齐诺娃，而特里勃列夫和特里果林两个角色身上都有契诃夫的影子，因为二人的台词里都有契诃夫自己想说的话。

1896年10月末，《海鸥》在圣彼得堡皇家剧院首演，由于剧院的导演对契诃夫的戏剧创作思路不了解，沿用了传统的演剧形式来表现，结果演出惨遭失败。这给契诃夫带来了巨大的打击，他病倒了。1897年4月初的一个凌晨，契诃夫再度大口咯血，病情较以前加重。三天后，他被朋友送到莫斯科的奥斯特罗莫夫医院。

《海鸥》得到了当时的小说家、剧作家聂米洛维奇·丹钦科的关注，他亲自导演的《海鸥》于1898年12月在新建的莫斯科艺术剧院演出并大获成功。

《海鸥》的成功让契诃夫在戏剧舞台上站稳了脚跟，奠定了契诃夫作为一位不可替代的戏剧大师的地位，同时也造就了当时世界上的一流剧院——莫斯科艺术剧院，一只展翅飞翔的海鸥成为该剧院的院徽。

莫斯科艺术剧院

契诃夫一生深深地爱过两个女人，一个是米齐诺娃，一个是他的妻子奥尔迦·克尼碧尔。克尼碧尔是莫斯科艺术剧院的演员。这两个女人，一个是《海鸥》中女主人公的原型，一个是饰演《海鸥》中女主人公的演员，她们都与海鸥有关。契诃夫因为《海鸥》成为知名剧作家，妻子和初恋情人孰轻孰重，只有契诃夫自己知道。

契诃夫和米齐诺娃的相爱是真诚的，他们的书信中经常有“醋栗熟了，浆果就要熟了”这样的句子。很简单的语言，没有多少矫情的语句、文饰的美，但是内涵非常丰厚。可能是在某一时刻心有灵犀的那一个微笑、一个回眸，或者心灵的撞击，还可能是他们对人生品味达到某一个共识的那一刹那，总之，他们的人生有了一次曼妙的相遇，他们的情感有着很浓郁的、值得品味的内涵。在两个人的爱情天平上，总是有扬有抑，这个天平一次又一次地失衡，导致他们之间永远是“行行重行行，与君生别离”。

契诃夫和米齐诺娃相识相恋的9年里，是契诃夫创作的巅峰时期，这期间的作品中，有太多米齐诺娃的身影，有太多契诃夫的思恋，复杂的情感给剧本平添了许多丰富的色彩。

契诃夫与托尔斯泰的忘年之交

托尔斯泰是 19 世纪俄国批判现实主义作家、文学家、思想家与哲学家。他创作的《战争与和平》《安娜·卡列尼娜》登上了俄国现实主义创作的新高峰。

契诃夫对托尔斯泰仰慕已久，在他心目中，当时，也就是 19 世纪中末期俄国文化界的座次排序，第一位就是作家托尔斯泰，第二位是作曲家柴可夫斯基，第三位是画家列宾。托尔斯泰对契诃夫的关注是在 19 世纪 80 年代末，当时的契诃夫已经写了大量的作品，托尔斯泰认为契诃夫是了不起的短篇小说作家。

契诃夫与托尔斯泰的第一次见面是在 1895 年 8 月的一天。这是一个令人难忘的日子，从 19 世纪 90 年代初期便开始计划的见面就要实现了。契诃夫怀着朝圣的心情来到雅斯纳亚·波良纳的托尔斯泰的庄园，托尔斯泰亲切地接待了他。托尔斯泰建议契诃夫和自己去泳池中游泳，两位忘年交的谈话就在泳池里开始了。他们进行了题材广泛的交流，彼此很轻松，就像家人一样，十分投机。托尔斯泰的家人对契诃夫都有好感，其中托尔斯泰的大女儿还是契诃夫的崇拜者。

托尔斯泰认为契诃夫是一个极有魅力的人，认为他谦虚、可爱、善良，认为他的写作方法很特别，有如印象派画家，看似无意义的一笔，却有着无法取代的艺术效果。契诃夫感受到托尔斯泰是个真诚的人，身上具有伟大的道德力量。通过这次谈话，他们吸引着彼此。

第二次见面是在 1896 年 2 月的一天。契诃夫与苏沃林来到托尔斯泰在莫斯科的住所，这次他们仅仅交流了两个小时。契诃夫细细地端详着托尔斯泰的言行举止，感受到一种强大的精神力量。托尔斯泰也感受到契诃夫的音容魅力。整个会面气氛和谐融洽。

契诃夫早在 1884 年在莫斯科郊外行医时，就出现了咯血的病症。他一直没有重视起来，心存侥幸。萨哈林岛之行，因路途艰难，大大损伤了他的身体，再加上《海鸥》在圣彼得堡首演惨败，1897 年 4 月初，他因大口咯血住院了，被诊断为肺结核。契诃夫的妹妹和苏沃林来看他，两个人都感觉到了契诃夫的悲观情绪。

住院第四天，托尔斯泰就赶来医院看望契诃夫，这是他们的第三次见面。

托尔斯泰为了减少契诃夫对疾病的恐惧，谈起了“永生”的话题。托尔斯泰相信康德意义上的永生，而契诃夫的思想意识更趋于唯物主义。两个人在病室里展开了友好的争论。接着他们又谈论起“艺术”的话题。托尔斯泰认为颓废派艺术的本性是反人民的，艺术退化，人类变得虚弱。

契诃夫与托尔斯泰

契诃夫不能完全赞同这些观点，他愿意用宽容的态度对待比如象征主义这样的现代文学流派新潮，他希望新文学能够超越 19 世纪现实主义文学这个高度。两个不同年龄的文人对当代人们的思想和社会的走向，以及文学的发展方向进行着探索，阐明着各自的看法。通过这样的深度交流，他们更加尊重彼此了。契诃夫经常说“我很爱托尔斯泰”。

以后，两人的友谊一直持续发展着。契诃夫的作品托尔斯泰也一直关注着。

之后，契诃夫出院了。医生嘱咐契诃夫说，莫斯科的冬天已经不适合他的身体，建议他去南方或者国外养病。

1898 年冬天，契诃夫在南方雅尔塔养病，写下了小说《宝贝儿》。托尔斯泰非常喜欢这篇小说，经常当着家人和客人的面朗读小说中的片段，还为它写了跋。

1899 年春天，契诃夫回到莫斯科。托尔斯泰听到这个消息，马上赶去看望契诃夫。因为当时契诃夫身边围着一群演员，谈论演剧的事情，托尔斯泰只好告辞。第二天，契诃夫去拜访托尔斯泰。这次见面，他们谈论了许多，很是尽兴。契诃夫向托尔斯泰说起刚刚认识的高尔基，托

1897 年，契诃夫在梅里霍沃庄园中

尔斯泰也在关注这位年轻的自学成才的学子，于是特别问了一些高尔基的情况。

1900 年年初，契诃夫听说托尔斯泰生了一场病，他非常担心，非常恐惧托尔斯泰离他而去，他说“如果他死了，我的生活就会出现一个大空洞”“文坛就会变成一群没有牧羊人的羊或是一锅乱糟糟的稀粥”。

1901 年，托尔斯泰在克里米亚的卡斯普里庄园养病，这个地方距契诃夫居住的雅尔塔仅 10 俄里。契诃夫牵挂着托尔斯泰，就前去看望。看到老态龙钟的托尔斯泰，契诃夫非常担忧，他劝慰老前辈好好养病，又亲自为老前辈号脉。

1902 年 4 月中旬，契诃夫和高尔基来到卡斯普里，这是契诃夫与托尔斯泰最后一次见面。托尔斯泰拥抱了一下契诃夫，说契诃夫是俄罗斯的，完全是俄罗斯的。在托尔斯泰的心里，契诃夫与普希金的地位是一样的。

这个场景永远留在了高尔基的回忆录里。

1902 年春天，契诃夫离开雅尔塔回到莫斯科。这一年，托尔斯泰也离开克里米亚回到了故乡，从此他们再也没有见面。

民主精神与正义之举

1897 年 9 月，契诃夫听从了医生的建议出国养病。他在法国的尼斯度过了一个冬天后，于 1898 年 4 月取道巴黎回国。

19 世纪末到 20 世纪初，俄国由资本主义向帝国主义过渡，这是在社会经济各个方面保存大量封建农奴制残余的情况下进行的。这时的俄国贵族地主阶级仍然掌握着国家政权，而资产阶级十分软弱，只能依靠沙皇政权的保护来求得发展。而沙皇为了推行其霸权政治，参加帝国主义瓜分世界的斗争，也需要发展资本主义。于是，俄国资产阶级和沙皇结成了反动同盟。这样，推翻俄国专制制度的历史任务就落到无产阶级身上。

在 19 世纪 90 年代时，俄国社会的政治经济矛盾激化，俄国无产阶级革命运动已经兴起。反对专制、争取民主、反对封建残余、推翻资产阶级剥削的工人运动此起彼伏。这时，在法国发生了“德雷福斯案件”。

1894 年，法国陆军参谋部犹太籍上尉军官德雷福斯被诬陷犯有叛国罪。1894 年 12 月 22 日，在没有确凿证据的情况下，军事法庭秘密判处德雷福斯无期徒刑，后将其押送到法属圭亚那附近的魔鬼岛服苦役。德雷福斯无论是在审讯中还是在流放地，始终拒绝认罪，他的家属也竭尽全力为其申冤，要求平反，可是毫无结果。法国右翼势力乘机掀起反犹浪潮。虽然此案不久即真相大白，但法国政府却坚持错误的判决，激起了正直人们的无比愤怒。1898 年 1 月 13 日，著名作家左拉在《震旦报》上以《我控诉》为通栏标题，发表了致共和国总统的公开信。左拉在公开信中愤怒地指出：

1902 年，契诃夫和高尔基看望托尔斯泰

“真理在前进，任何力量都无法阻挡！……我的激动和抗议是我灵魂的呼声。让他们把我带到刑庭受审吧，我要求公开的调查。我正等候着。”左拉的公开信在法国以及国际社会上引起广泛的反响。

当时俄国的报纸《新时报》站在法国政府当局角度攻击左拉的立场。正在法国的契诃夫则坚定地站在民主力量这边，他坚决反对法国反动派诬陷犹太籍军官德雷福斯，并对苏沃林及其《新时报》提出指责和质疑，坚决支持左拉的立场，并声援左拉。契诃夫在给友人的信中说：“世间尚有公理存在，如果有人受到冤枉，还有人替他申冤明理。法国的报纸有看头，而俄国的报纸很糟，《新时报》简直令人生厌。”契诃夫不顾与苏沃林 13 年的友谊，毫不留情地批评《新时报》，尽显其民主精神。

20 世纪初，俄国工人运动蓬勃发展，高尔基参加了 1901 年圣彼得堡的群众示威，并著文驳斥政府对这次事件的歪曲，因而遭到政府的抓捕。契诃夫和托尔斯泰为此奔走设法营救高尔基。1901 年，高尔基创作了《海燕之歌》，这是高尔基在圣彼得堡示威游行后写成的。那些象征革命者的勇敢的海燕，预告革命风暴即将到来，鼓舞人们去迎接伟大的战斗。这是一篇无产阶级革命者战斗的檄文与颂歌，它受到列宁的热情称赞，也鼓舞着契诃夫的斗志。

1902 年春，高尔基当选为俄国科学院名誉院士，却被沙皇专制政府无理地下令取消高尔基的名誉院士称号。为此，契诃夫与柯罗连科联合发表声明，放弃在 1900 年获得的科学院名誉院士称号，以此抗议沙皇尼古拉二世对高尔基的无端迫害，此事件后被称为“科学院事件”。1902 年 2 月间，契诃夫安排政治流放犯、社会民主党人进入雅尔塔肺痨病人疗养院疗养。1902—1904 年间，他不止一次地在物质上支援为争取民主而遭受沙皇政府迫害的大学生们。

契诃夫在“德雷福斯案件”、声援高尔基等重要历史事件中的正义无畏之举，以及在物质上支援为争取民主而蒙难的青年学生的行动，充分表明了契诃夫的民主主义立场及思想的坚定性。他不畏惧强权、坚持真理的民族气节，也是他后期小说创作的思想前提。

·迁居雅尔塔

1898 年 4 月，契诃夫从欧洲回到了梅里霍沃。正值春天，他在梅里霍沃写了小说三部曲《套中人》《醋栗》和《关于爱情》。

这 3 部小说对社会上的庸俗现象和僵化的思想进行了嘲笑和批判，给了读者以思考和回味的深刻印象。其中《套中人》中的主人公在世界文学史上成为不朽的人物艺术形象。别里科夫成为因循守旧、畏首畏尾、害怕变革者的符号象征。戴着黑墨镜，穿着套鞋，带着雨伞，用棉花堵住耳朵眼儿，穿上暖和的棉大衣，别里科夫是对“套中人”最好的外形诠释。

这时，契诃夫的肺结核病已发展到晚期，医生关照他必须在南方过冬。他只好在克里米亚的雅尔塔购买土地，建造新的家园。

马上要离开这北方了，离开梅里霍沃庄园了，契诃夫有些不舍，他捐资修建了两所小学，抓紧时间为当地人们诊病，还组织赈灾等。他要尽可能地为当地农民多做一些事情。

秋天，雅尔塔的白色别墅落成。契诃夫全家于1898年9月迁往雅尔塔。

在这里，契诃夫迎来了他晚期的创作高峰，也是这个秋天，契诃夫收获了他的爱情。

契诃夫与克尼碧尔的爱情与婚姻

契诃夫与克尼碧尔的相识，最早是在1896年10月《海鸥》的首演上。当时，契诃夫坐在包厢里亲眼看到了演出的失败，他在一片可怕的嘲笑声中走出了剧院。他沮丧至极，甚至跟苏沃林赌气说自己再也不写剧本了。

小说家、剧作家丹钦科于1896年11月写信给契诃夫，他分析了圣彼得堡皇家剧院《海鸥》演出失败的原因，认为导演卡尔波夫的文学品位低，没有很好地理解剧本。丹钦科在1898年5月又两次给契诃夫写信，恳请要在新建的莫斯科艺术剧院排演《海鸥》。他说，“我可以完全担保，只要是精巧的、不落俗套的、制作精良的演出，每个剧中人物的内在的悲剧性就会震撼观众”“如果你不给，那会置我于死地”。就这样，丹钦科获得了契诃夫的许可。

契诃夫在雅尔塔的白色别墅

1898年9月下旬，契诃夫去莫斯科艺术剧院观看《海鸥》的排演。剧中女主角由青年演员克尼碧尔扮演。克尼碧尔的美貌和才艺是超群的，契诃夫对演员们的表演非常满意，尤其欣赏克尼碧尔的演技。克尼碧尔是契诃夫的热烈崇拜者。过了几天，契诃夫又去看克尼碧尔在《沙皇费多尔》的排演，契诃夫感觉到“生命的脉搏跳动得更加有力”。克尼碧尔则激动得“生命的纤细而繁复的绳结开始慢慢地拉紧了”。但在5天后，契诃夫不得不遵从医嘱迁居到南方的雅尔塔。

1898年12月，《海鸥》在莫斯科艺术剧院首演大获成功。契诃夫在雅尔塔收到丹钦科发来的电报，心情无比激动，此刻他虽身在南方，心却留在了莫斯科。契诃夫的心里装满了《海鸥》，也装满了克尼碧尔。

1899年2月，契诃夫的妹妹觉察到了契诃夫对克尼碧尔的情感，她写信建议哥哥去向克尼碧尔求爱。

春天终于来到了，契诃夫在1899年4月下旬回到了莫斯科，5天后便去拜访克尼碧尔，他们一起参观了列维坦的画展。他们爱的种子发芽了，他们彼此倾心爱恋。5月，契诃夫邀请克尼碧尔到自己的梅里霍沃别墅去。克尼碧尔在契诃夫的别墅里住了3天，这是无比幸福和欢乐的日子，契诃夫的生活有了一个新的开始。7月末，契诃夫和克尼碧尔经过水路航行，两天后来到雅尔塔，从此他们两人在温和的南方度过了一段幸福浪漫的日子。8月中旬，两人回到了莫斯科。9月上旬，契诃夫又要回雅尔塔了，从此两人开始了书信的往来。

契诃夫与克尼碧尔

契诃夫在写给克尼碧尔的情书中，开头称呼她“可爱的、非凡的女演员”，这体现了契诃夫对克尼碧尔的爱，也有着对戏剧的深深的情结。他们之间的通信饱含着浓浓的爱，也有着对戏剧表演的探讨。克尼碧尔在《万尼亚舅舅》中扮演女主角，排戏时她总要向契诃夫讨教。契诃夫给她指出表演中的细节问题，并提示作为一名演员该怎样对待成功。这些信件交织着他们共同的理想和事业。

莫斯科艺术剧院计划在 1900 年 4 月进行巡回演出，其中有一站是雅尔塔。克尼碧尔提前来到雅尔塔，住进落成不久的白色别墅。他们一起度过了一周的欢乐时光。之后，契诃夫与克尼碧尔到达塞瓦斯托波尔，那里是巡回演出的第一站。在这里，契诃夫第一次看到了莫斯科艺术剧院演出自己的作品《万尼亚舅舅》。4 月末，剧院来到雅尔塔，大家聚集在契诃夫的白色别墅里，热闹非凡。克尼碧尔忙碌着招待贵客和名流们。《海鸥》在雅尔塔的演出因为契诃夫的在场，场面达到了高潮，契诃夫几次上台，接受人们的祝贺。

莫斯科艺术剧院的巡演结束了，克尼碧尔随剧团走了，也带走了契诃夫的心。5 月下旬，契诃夫来到莫斯科，去看望病重的好友画家列维坦，这是一场诀别。之后几天，契诃夫的心情一直很难过，加上此时北方的早春气候，他的身体明显不适。他与克尼碧尔约定 7 月份去雅尔塔度假。

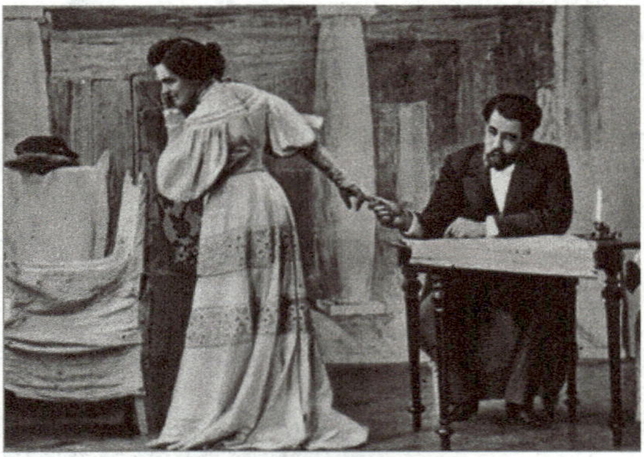

克尼碧尔在《万尼亚舅舅》中的剧照

克尼碧尔与契诃夫在雅尔塔度过了一个月的幸福时光，但演员职业使她不能久留，他们难舍难分。离别，对现在的他们来说是最痛苦的字眼了，可离别就是这样折磨着这对倾心相爱的人。契诃夫曾在信中无奈地说：“这个过错不在你和我，而是那个魔鬼在我身上注入了肺结核的病菌，在你的身上注入了对伊索的爱，所以你一定适合演戏，而我一定适合在南方养病。”

他们之间通信的称呼改变了，直呼为“我亲爱的”。

1901 年 5 月，契诃夫与克尼碧尔商量结婚的事情。契诃夫把要结婚的想法说给他的妹妹听，结果遭到妹妹的反对，妹妹担心的是契诃夫目前的身体状况。他没有听妹妹的劝告，决定和克尼碧尔秘密结婚。

1901 年 6 月上旬，在莫斯科的一座教堂里，在新娘的兄弟和叔叔的见证下，他们结婚了。婚后他们离开莫斯科，沿着伏尔加河到乌发省的一个疗养区度蜜月去了。

这时契诃夫的肺结核病更加严重了。在疗养院，他在克尼碧尔的陪伴下每天接受着治疗，但仍不见好转。

1901 年 7 月，契诃夫与新婚妻子克尼碧尔回到了雅尔塔，回到了契诃夫的母亲和妹妹的身边。契诃夫越来越瘦，不停地咳嗽，他有些悲观了，写下了遗嘱。遗嘱是写给妹妹玛丽亚的，暂由妻子克尼碧尔保管。遗嘱上除了有财产分配方案外，还有一句特别的话，那就是要求妻子和妹妹帮助穷人、爱护母亲、全家和睦。

契诃夫和克尼碧尔的合影

之后，生活还在继续。契诃夫的病情受不了莫斯科寒冷的冬季，而克尼碧尔深爱着戏剧，要经常排演，不能久留在雅尔塔。他们一次次地相聚，又一次次地离别，命运在捉弄着他们。

1901 年 9 月初，克尼碧尔离开契诃夫和雅尔塔，回到莫斯科。她想到病中的丈夫，心中无比内疚。当年她与契诃夫相识时，就知道契诃夫身患肺部疾病，但她依然嫁给了契诃夫，她的爱情是如此神圣，而现在，她和契诃夫只能靠往来的信件传达着彼此的爱，也传达着离别的痛苦。他们之间的书信往来达 830 余封，两人一起走过了近 6 年的岁月。

近 6 年的时间里，克尼碧尔陪伴契诃夫前往德国治病，陪他往返莫斯科和雅尔塔。她在舞台上倾情演绎他的作品，他在台下忘情地融入那凝结他心血的戏剧情境中。两人相持相守，直到走到生命的岔路口。她陪伴契诃夫的这最后的 5 年多，也是契诃夫的艺术创作达到巅峰的 5 年。

在克尼碧尔 91 年的漫长人生中，她与契诃夫相恋两年零二十几天，结为夫妻 3 年零 37 天，加在一起仅仅 5 年多一点，而且分离总是多于团聚。与丈夫天人永隔之后，她仍习惯给他写信："给你写信连我自己也感到奇怪，而我不写简直受不了。每当我拿起笔，总觉得你在什么地方等着我的信呢！亲爱的，如今你在哪儿呀？"可见，这美好和神圣的情感，陪伴着克尼碧尔走过一个又一个春夏秋冬。

1901 年，契诃夫夫妇与母亲、妹妹的合影

克尼碧尔将全部身心奉献给戏剧事业，获得了“苏联人民演员”称号。与契诃夫在一起的记忆与所获的荣誉伴随了她的一生。

晚期的创作高潮

契诃夫晚期创作的作品，大多是在雅尔塔完成的。19 世纪末至 20 世纪初，俄国的社会运动进一步高涨，契诃夫意识到强大的、荡涤一切的“暴风雨”即将降临，他坚决地站在民主力量这一边，满怀激情，用细腻的笔触描绘了农民、工人、小市民等社会阶层的日常生活，反映了当代知识青年的觉醒和奋争的社会情绪。比如，展示俄国农村的贫困、落后、愚昧以及充满各种矛盾的《新别墅》《在峡谷里》，指出社会制度的不合理和不道德的《出诊》，批判庸俗、自私和金钱对人侵蚀的《文学教师》，反映典型的社会心理和疑问的《牵小狗的女人》《出差》，描写知识分子对“新生活”憧憬的《出差》《新娘》，等等。

《新别墅》讲述了这样一个故事：在奥勃鲁卡诺佛村不远处，正在建造一座大桥，工程师的太太叶丽娜·伊凡诺芙娜很喜欢这个美丽的地方，工程师夫妇买了20俄亩地，建了一座两层楼的别墅。伊凡诺芙娜心地善良，愿意周济村里的穷人，但是村子里的人与她似乎有些隔阂，经常为一点小事莫名地与她发生纠纷，最终工程师卖掉了这座别墅，伊凡诺芙娜带着孩子离开了这个她曾向往的地方。几年过后，人们在闲暇时路过这座别墅，却不自觉地想起以前别墅主人的种种好处来。人们在反思：都是善良的人，为什么不能很好地交流和融合？契诃夫在这里指出了人与人之间的“隔膜”缘于社会阶层不同，同时也反映了人们在积极寻求问题答案的迫切心理。

《牵小狗的女人》是一部以爱情为主题的小说，写的是在雅尔塔海边的旅游胜地，一个牵狗的女人安娜·谢尔盖耶芙娜吸引了已在此度假两周的男人古罗夫，两个已婚的人在海边迅速地发生了一段风流趣事。可是，两个人竟出乎意料般彼此付出了真情。之后，两个人回到各自的家庭里，感到原来的自己没有过幸福，没有过爱。虚伪的爱情在阳光下生活着，真爱却在黑暗中进行着。他们渴望着一次又一次的幽会。安娜·谢尔盖耶芙娜与古罗夫的爱仿佛是一雌一雄的两只候鸟“被人捉住，硬关在两个笼子里”，承受着分离的痛苦，并渴望着逃离旧生活。

小说的结尾这样写道：“似乎再过一会儿，答案就可以找到，到那时候，一种崭新的、美好的生活就要开始了，不过这两个人心里明白：离着结束还很远很远，那最复杂、最困难的道路现在才刚刚开始。”契诃夫在这里很难得地写出了一个两情相悦的爱情故事，开掘了两个人相爱的心理体验和精神觉醒，指出了人间的庸俗和社会的虚伪。他要告诉世人这样活着很糟糕，他要唤起人们的社会良知。

高尔基说这部小说触及了深层次的人生和社会问题。他在给契诃夫的信中说，小说“唤起了对浑浑噩噩的、半死不活的生活的厌恶”。

《在峡谷里》是一篇描写农村资产阶级——富农疯狂地掠夺财富的中篇小说。小说写的是一个坐落在峡谷里的村庄，有着两种不同的社会现象：一面是教堂和工厂的耸立，一面是乡村的贫穷、野蛮和落后。村子中的大户人家黑心地经营着杂货店，贩卖劣质酒，制造假币，甚至杀人。小说揭示了社会的黑暗与残忍，对当时美化农村公社生活的民粹派进行了有力的反驳。

高尔基对《在峡谷里》评论道："阿尼西姆早就受到良心的谴责了，可是他仍旧继续造假银币。这一点是非常真实的，被契诃夫准确地抓住了。……不断地，总有一种力量把我们每一个人，像阿尼西姆一样，向背道而驰的方向拽引着。"契诃夫在阴暗的社会生活背景下，不忘塑造一个光彩照人的女性形象，借用一个像圣人般的老者对她说的话，"人的寿命是长的，往后还会有好日子，也有坏日子，什么事都会来的"。契诃夫相信，未来是有希望的。

《三姐妹》是一部描写年轻人对幸福明天向往的喜剧剧本。剧本写的是在俄罗斯边远小城有一幢带花园与树林的庄园，这是一个已经离世的军官的家。家中住着姐妹三人：奥尔加、玛莎和伊林娜。她们和哥哥生活在一起。三姐妹全都受过良好的教育，聪明、美丽、善良，还懂得外语。她们准备把房子卖了，到她们少年时生活过的莫斯科定居，那里是三姐妹的精神家园。哥哥安德烈娶了个凶悍的妻子娜塔莎，她一进家门便把三姐妹视为异己。三姐妹的生活悲剧也接踵而来，去莫斯科的想法不能实现了。痛苦着的三姐妹思念心中的莫斯科，思念更有文化、更有品位的高尚的生活，她们愿意通过劳动去创造明天更加美好的生活。曹禺曾这样评价《三姐妹》："不见一段惊心动魄的场面，结构很平淡，剧情人物也没有什么起伏发展，却那样抓牢了我的魂魄。"

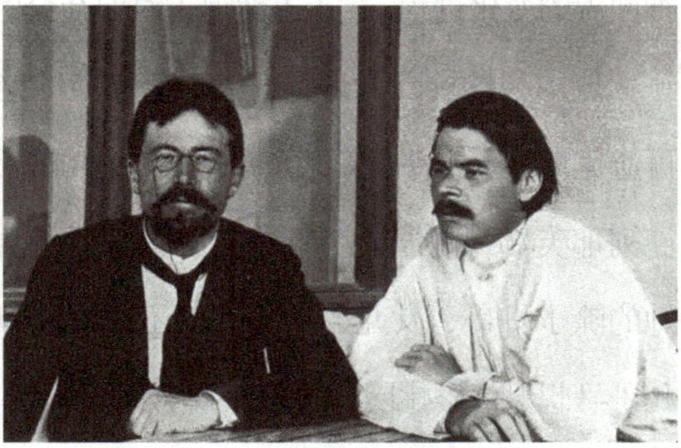

契诃夫与高尔基在一起

《主教》写的是一个

年轻主教彼得的死亡的故事。死神降临了，彼得主教仍旧觉得他没有得到一个顶重要的东西，一个他过去朦朦胧胧地向往过的东西。突然间他觉得自己好像成了一个普通的人，在田野上自由自在地走着，有一种可以随意飞翔的感觉。主教去世的第二天是复活节，教堂洪亮的钟声响个不停，春意浓了，鸟雀齐鸣，阳光更暖了。一个人死了，生活还会继续。这也是病中的契诃夫想要传达的一种人生态度，乐观地对待生死，达到人生的最高境界。

《新娘》是契诃夫的最后一篇小说，写的是新娘娜佳“与旧生活告别”，摆脱贫乏的精神生活的故事，最后她走向了不可知的新生活。在这篇幅有限的短篇小说中，揭示了人物的心理活动和性格发展。女主人公娜佳是一个物质生活富足但精神世界贫乏的人，23 岁的她，从 16 岁起就期待着出嫁。现在的她已经做了神甫儿子的未婚妻。新婚前，她去看未来的新房，了解了未婚夫安德烈的兴趣、好恶和生活习惯，知晓了他的生活理想。这促进了她思想上的一次大的转折和道义上的觉醒，认识到了庸俗无聊、不劳而获的寄生生活的可耻。在好友萨沙的鼓励下，她在新婚之夜前毅然出走，告别毫无生机的生活，去探索外面的新世界。娜佳精神面貌的变化过程，表达了契诃夫对旧社会的否定，对迎接新生活的渴望。

剧本《樱桃园》是契诃夫呕心沥血的绝笔之作，展示了贵族阶级无可避免地没落，并被新兴资产阶级所代替的历史过程。女地主柳苞芙·安德列耶芙娜·朗涅夫斯卡雅从巴黎回到了阔别 5 年之久的樱桃园，迎接她的除了哥哥、女儿、朋友们，还有樱桃园即将被抵押拍卖的消息。她和哥哥想保住樱桃园，却没有任何办法，只能沉浸在对过去生活的回忆中。最终，樱桃园被卖掉了，这个庄园里的农奴后代罗伯兴买下了它。随着一棵棵樱桃树的倒下，每个人的“新生活”也即将开始了。然而由于契诃夫所处的时代代，正是新的物质文明以更文明或更不文明的方式蚕食乃至鲸吞旧的精神家园的时代，所以，他笔下的人物不知道创建崭新生活是必由之路，他们渴望的“新生活”只是一种朦胧的憧憬。

《三姐妹》《樱桃园》都曲折地反映了 1905 年俄国大革命前夕一部分小资产阶级知识分子的苦闷和追求。其创作主题触及了重大的社会问题，思想丰富深刻，艺术叙事和抒情有机结合，别具一格，达到了内容和形式的完美统一，是契诃夫一生的创作顶峰。

▲06 最后的岁月，人生谢幕

1903年11月间，莫斯科艺术剧院正在排演契诃夫的剧本《樱桃园》，由康斯坦丁·斯坦尼斯拉夫斯基执导。契诃夫原本想让它成为一部喜剧，但斯坦尼斯拉夫斯基除了保留一些闹剧元素外，将全剧变成了一部悲剧。为此，他们进行了书信交流。契诃夫身在雅尔塔，急不可耐地等待着妻子的许可，他要去莫斯科。这时的雅尔塔天气很温暖，气候宜人，他坐在书房里，眼睛盯着电话机，想到莫斯科，想到剧院演员们排戏的情景，他觉得雅尔塔所有的美好都乏味起来。

克尼碧尔与契诃夫相持相守

那时正是12月，是莫斯科最寒冷的时候，契诃夫冒着严寒来到了莫斯科。能够和妻子克尼碧尔在一起，能够参与艺术剧院排戏，他非常高兴。

1904年1月29日，是契诃夫44岁的生日，也是在这一天，《樱桃园》在莫斯科艺术剧院首演。第三幕演完后，大家在舞台上为契诃夫举行祝寿仪式。而此时的契诃夫脸色苍白，不断地咳嗽。

无疑，契诃夫的病情加重了。他每次来莫斯科都要付出病情加重的代价，他们夫妻新婚不久就天各一方，契诃夫需要在温暖的南方雅尔塔养病，他的妻子则需要莫斯科的戏剧舞台。契诃夫不忍心让妻子放弃自己的事业毁掉前程，他对这种两地分居的生活很无奈。

1904 年 2 月下旬，契诃夫离开莫斯科，返回雅尔塔。契诃夫在雅尔塔感到很寂寞。他在写给克尼碧尔的信中说："孤独，看来有害健康。""我等待你关于行程、关于别墅、关于全部生活所做的一切安排。……我想和你一起顺着彼特罗夫卡大街，顺着特维尔大街散散步。"

5 月中旬，契诃夫挣扎着来到莫斯科，这时他对自己的身体出现的哮喘和心衰症状很清楚，但他非常坦然。

一位德国医生建议他到国外治疗。1904 年 6 月，妻子克尼碧尔陪同契诃夫离开莫斯科前往德国，到达德国的温泉疗养地巴登维勒接受治疗。

7 月 10 日，病中的契诃夫写了人生中最后的两封信：一封是写给他在莫斯科大学医学系的同学、著名的内科医生格·罗索利姆的；另一封信是写给他的妹妹玛丽亚的。

契诃夫正在给演员们读剧本《樱桃园》

给格·罗索利姆的信是这样写的：“我有件事情要求您，您有一次说道您与列夫·托尔斯泰途经阿方的旅游，您是从马赛到敖德萨去的吗？是坐奥地利的轮船吗？……告诉我轮船哪天从马赛港出发，到敖德萨要航行多少天。”“我急不可耐地等您回音。……我也就拿这个想法来宽慰我自己。……巴登维勒这个德国疗养院是多么乏味！”

契诃夫一共给妹妹玛丽亚写了44封信，这是最后一封。信中说了自己的病情，也谈到了自己要坐船去旅行：“这里的酷暑，弄得我手足无措，因为我的身边只有冬天穿的衣服，我有点喘不过气来，想着离开此地，但是到哪里去呢？我倒是想去意大利的科莫湖，但那里的游客也被热跑了。南部的欧洲到处都热。我想坐船从特里耶斯特到敖德萨一游。”“我吃得很好，但吃不多，常闹胃病。这里的油我吃不得。显然，我的胃已不可救药，除了素食之外，别无他法。但吃素食等于什么也不吃。而防治哮喘的唯一良药是静止不动。”信中最后契诃夫问候了妈妈、祖母等人。

1904年，契诃夫在雅尔塔花园里散步

从以上两封信可想而知，虽然契诃夫承受着病痛的折磨，但他仍充满着对生命的企望。

由于契诃夫夫妇来此地时没有带多少夏季的衣裳，又因当地没有裁缝，克尼碧尔只好到弗列堡为契诃夫定做衣裳。定做的法兰绒衣服还没有到，契诃夫的病情就更严重了。他持续发烧、哮喘，只能躺着不动，也吃不下饭。这时他的体重减轻了 6.8 千克。

7 月 11 日，契诃夫再一次心力衰竭，7 月 14 日才缓解下来。他看到守在身边的神情紧张的妻子，给她讲了一个小故事，说的是住在疗养院里的一群美国人和英国人，去外面游玩一天归来，因为厨师跑了，晚饭吃不成了。其狼狈样子被契诃夫描绘得活灵活现，缓解了妻子的紧张情绪。但几个小时后，契诃夫的病情危急了。

1904 年 7 月 15 日夜里 1 点，契诃夫醒来，感到一阵一阵憋气，他意识到大限已到。他让医生来，并用德语跟医生说："我要死了。"医生为他注射了一针药剂。他感觉略微好些，接过克尼碧尔递过来的一杯香槟，露出他那可爱的笑容，留下他的最后一句话："很久没喝香槟了。"随即平静地干了那杯酒，侧身躺下，进入了永恒的梦境。

契诃夫安静地离开了人世，是年 44 岁。 契诃夫的遗体被运回莫斯科安葬。

契诃夫的遗体运回莫斯科后，送葬队伍开始有 100 人，行进当中人越来越多，大学生们手拉手自发维持秩序，高尔基等作家走在前面。灵柩运到新圣女公墓，被安葬在他父亲的墓旁。

契诃夫的母亲、妻子和妹妹站在他的墓穴前悲痛欲绝。他的母亲只说了一句话："这不幸的事情对我们是多么大的损失啊！安东跟我们永别了。"

1904 年 7 月 15 日，契诃夫英年早逝的噩耗传来，托尔斯泰陷入了痛苦之中。不久，在《俄罗斯报》上刊登了这位老人对契诃夫的评价，他说，契诃夫是一位无可比拟的艺术家，他是一个杰出的、真诚的、正直的人，是一个极具美丽的、谦虚的、可爱的人。

新圣女公墓位于俄罗斯首都莫斯科的郊野，总占地面积 7.5 公顷（1 公顷 =10000 平方米），是莫斯科最为著名的公墓。契诃夫安静地躺在这里，陪伴他的还有他年轻时的朋友画家列维坦。

徐志摩曾在一个初春的日子去瞻仰契诃夫墓。他看到的景象是这样的：一块瓷青色的石碑，刻着契诃夫的名字与生死的年份，有铁栏围着，栏内半融化的雪里有几片小青叶，是旁边树上掉下去的，还在那里微微地转动。

100 多年过去了，契诃夫的墓依然被后人瞻仰着。

契诃夫的墓四周由铁栏围着，铁花围栏的图案与莫斯科艺术剧院的大幕上的图案相似。中间是一块平躺的石板，石板下长眠着契诃夫和他的妻子克尼碧尔。石板右侧瓷青色四棱柱状石碑是契诃夫的墓碑，左侧黑色四棱柱石碑是克尼碧尔的。契诃夫的墓碑很特别，墓碑顶部是一个金属制的尖形屋顶，屋顶上还有 3 个竖立向上的、十分犀利的箭头，直指天空。让人想到他的那些幽默讽刺的文章。墓碑顶的下面有一块青铜制的方形牌子，牌子上是耶稣受难像，寓意极深，让人想

位于莫斯科新圣女公墓的契诃夫墓

起契诃夫的短暂一生，想起他的人民情怀以及他对人类困境的悲悯。

墓碑设计者想必对契诃夫也是无比热爱和钦佩的，这座墓碑就是人民心中那座永远的丰碑。

第二部分　艺术特色与艺术成就

一个军官带着妻子去澡堂，他的勤务兵给他俩搓澡，显然，他们没有把他当人看待。

契诃夫是19世纪俄国伟大的批判现实主义作家、短篇小说巨匠、著名剧作家。他善于截取有典型意义的生活片段，凭借其精巧的艺术手法，对人物、事件和生活场景进行描绘和刻画，揭露和批判了社会上的各种丑恶现象，抒发了对现实社会制度的不满情绪，寄托着对未来美好社会的向往。他从民主主义的写作立场出发，其褒扬和贬抑皆体现在其作品的人物形象中，每部作品都充溢着作者的欢悦和痛苦之情。淡淡的幽默里饱含辛辣的讽刺，简洁的笔触浸满深深的忧郁。他的作品，故事情节简单，却有一种震撼心灵的力量，细细读来皆富哲理性，具有深刻的现实主义意义。他的作品，无论是剧本还是短篇小说，皆可谓风格独特、言简意赅、艺术精湛、立意深远。

▲ 01 小说

·创作思想与批判意识

契诃夫一生创作了700多部中短篇小说，其中大多是短篇小说。作品多取材于小人物的平凡生活，触及了当时俄国社会的诸多阶层，有农民、教员、医生、军人、商人、地主、小官吏等。代表作有短篇小说《变色龙》《胖子和瘦子》《万卡》《套中人》《一个文官的死》等。

在题材方面，契诃夫着眼于日常生活中有典型意义的人和事，剖析资产阶级小市民无所事事、庸俗无聊的生活实质，挖出了潜伏于民众血液中的奴性，反映了知识分子普遍的苦闷情绪。

在人物的选择上，契诃夫作品中的群像代表着社会各个阶层的典型人物：有专横的官僚地主、贪婪的商人、庸俗的小市民、空虚的知识分子、无知懦弱的农民。契诃夫对他们的行为举止进行了细致的描述，地主老爷等上流社会人们的凶残、伪善，官僚士绅的素质低下，穷苦人的麻木无知，等等。比如早期作品《喜事》《勋章》《嫁妆》等。

《喜事》说的是十四品文官库尔达罗夫的名字上报纸了，他高兴得向父母和亲朋好友报喜。原来，报纸上报道的是一则有关库尔达罗夫的一场交通事故。库尔达罗夫因车祸被送到医院，脑部被撞成轻伤。表现了以库尔达罗夫为代表的小文官不甘于当普通人的浮躁，体现了人们灵魂的空虚，讽刺了庸俗的个人荣誉感。

《勋章》说的是一个军事中学的教员普斯佳科夫借了朋友的勋章去一个富商家参加元旦宴会，结果在宴会上碰到自己的同事，为了掩饰自己佩戴的勋章，他宁可饿着肚子也不敢去餐厅享受美食。当宴会快结束时，才发现同事也戴着借来的勋章，而且比他高一级。当两人发现彼此的秘密时，竟如释重负，高调展示起来，好像勋章是他们自己的，攀比炫耀起来。表现了知识分子虚伪做作、爱慕虚荣的庸俗，也体现了以富商为代表的社会环境及腐朽风气。

《嫁妆》写的是契卡玛索娃母女缝制嫁妆的故事。女儿玛利亚未及出嫁就离开了人世，可母亲还在忙着缝制嫁妆。缝制嫁妆成了她们的唯一的生活目标，表现了市民阶层为物所役的碌碌无为的生活状态。

这 3 部小说中，契诃夫抓住了生活中各种身份的人的生活片段，将生活在琐事里的小市民阶层的庸俗习气展现出来。契诃夫对此进行了辛辣的嘲讽，对庸俗的人性进行了无情的批判，以期唤起人们对这种半死不活的生活的憎恶和对美好生活的向往。契诃夫之所以写人的庸俗，正是为了表达他对现实中的人、人性和人格之不完善的痛心疾首。

在人物刻画上，契诃夫塑造的人物形象具有深刻的现实主义意义，并逐渐被升华为富有哲理的象征。契诃夫通过描述人物的行为举止，让读者看出其内心活动和心理变化，揭示知识分子、小资产阶层的目光短浅、自私自利，以及对人类共同的命运漠不关心的现象，比如《醋栗》《姚内奇》《跳来跳去的女人》《文学教师》等；描写了弱者在强者面前忍气吞声、自轻自贱的奴性心理，比如《一个文官的死》《胜利者的胜利》等；描写一个人的日常行为举止中的不合理现象，挖掘其心中潜在的奴才意识，比如《套中人》《上尉的军服》《变色龙》等。

《醋栗》描述了一个税务局的小职员为有一块土地种醋栗满足自己的所谓理想而奋斗的故事。几年后，他有了一个庄园，吃上了醋栗，吃成了一个胖猪一样的无聊的地主。契诃夫在这里提出了一个哲学问题：人到底需要什么，什么才是人类真正的幸福和自由？

《姚内奇》中的姚内奇是个血气方刚的青年医者，热衷于新兴事物，还爱上了会弹琴的叶卡捷琳娜小姐。但由于他迷上了金钱，4 年后他已经面目全非，在生活中没有了任何激情，唯一的乐趣就是清点钞票。

《跳来跳去的女人》描写的是致力于科学事业的医生戴莫夫的妻子奥尔迦·伊凡诺芙娜，她不安于自己的生活，爱慕虚荣，结交庸俗不堪的诗人、画家。她越来越看不上自己的丈夫，认定他是个普通的、很平凡的人。直到要失去丈夫时，才意识到自己的丈夫是一个天下少有的、不平凡的人，是一个值得尊敬的人。契诃夫在这里指出庸俗环境的腐蚀性是通过人本身的软弱和思想空虚而起作用的。

《文学教师》中的老师尼基丁的幸福观是一个小家庭的三餐和舒适的房间。在度过了日复一日的幸福生活之后，他在想，这个小世界外，是否还有另一个世界。在那里，他希望有一种东西抓住他，使他忘记自己，忘掉眼前的个人幸福，因为这种幸福是如此单调无聊庸俗。

《一个文官的死》中的切尔维亚克夫是个小官，在一个美好的傍晚去看戏，因为打了一个喷嚏，他怀疑自己的唾沫星子溅到了前排座位上的文职将军身上。他无比惶恐，接连 5 次向将军道歉、解释，正在看戏的将军不堪其扰，终于黑下脸来对他大吼一声“滚出去”。结果，切尔维亚克夫回到家中，脱掉制服，躺在沙发上死了。这部小说批判了潜伏于民众及小官吏血液中的奴性。

《套中人》中的别里科夫是典型的沙皇专制制度的忠实卫道士，是一个在生活中一刻也离不开各种各样“套子”的教师。他把自己的思想藏在“套子”里，他还要用“套子”去套住别人的思想。全城的人都受到了他思想的辖制，人们对这个神经质的、变态的“套中人”妥协让步，不敢大声说话，不敢写信，不敢交朋友。久而久之，许多人无意识中也钻进“套子”中去了。小说运用了讽刺、夸张、对比的手法，入木三分地刻画出这个畸形人物的形象。

契诃夫对可笑的事物和虚伪的表象有着敏锐的观察力，他能透过生活的本来面目认识到生活的本质。他在文字中注入自己最真挚的情感，对统治阶级的强权进行强烈的谴责，对小市民的庸俗奴性进行深刻的批判。他在呼唤着人类的尊严、自由、平等，他向往着一个崭新的世界。

·创作手法及艺术特色

情节简单、结构紧凑的日常生活描写

契诃夫的小说在结构与情节方面，以紧凑精练、描写准确见长。他设计的故事情节主要是按照时间发生的顺序进行的。其早期作品比较注重故事情节的吸引性、紧凑性，后来不再注重情节的引人入胜与别出心裁，而是在生活中随性地截取一个小片段，通过这个小片段来反映生活中的现象。没有复杂的情节，也不再注重情节的曲折性，而是通过讲述一些貌似平凡琐碎的故事，将情节融入日常生活的背景中去，来塑造不同人物的性格，形成冲突与矛盾，进而反映社会现实。如《姚内奇》《第六病室》《黑修士》《牵小狗的女人》等。

在《姚内奇》中，看不到情节发展的脉络，故事也没有高潮，契诃夫只是描述了姚内奇的几个典型的生活场景，就让你看到了故事主人公姚内奇一生的发展过程，给读者留下了深刻的印象和掩卷思考的空间。

在《第六病室》中，拉京医生被当作疯子关起来，中风死掉，但契诃夫却没有着重叙述这件事，而是花了很大的篇幅描述医院的日常状态、生活环境等，这些描绘形成当时社会生活的一个背景，映射出那个年代知识分子精神生活的沉沦以及令人窒息的社会氛围。

契诃夫的短篇小说结构呈现戏剧式，这是他早期创作的一大特色，表现在《变色龙》《厨娘出嫁》等作品中。

《变色龙》说的是沙皇专制时期的警官奥楚蔑洛夫接到举报，称有人被野狗咬伤。围绕这条狗的主人，生发出对事件的褒贬。奥楚蔑洛夫

的态度在短短的几分钟内，经历了5次变化。借着穿上脱下外套的时间不断发生着“变色”，表现其为了取悦自己的主子，竟然连利用一条狗的机会都不肯放过。最终确定这是将军哥哥家里的狗，奥楚蔑洛夫不但没有惩罚狗，还把被咬的人威胁了一番。他对上谄媚，对下欺压，见风使舵，阿谀奉承，还要装出一副正义、公允的面孔，总想以美遮丑，因此往往丑态百出，令人发笑，表现了以奥楚蔑洛夫为代表的沙皇专制警察打着遵守法令的官腔，干的却是趋炎附势、欺下媚上的勾当。

契诃夫在创作《姚内奇》《第六病室》《变色龙》时，把情节简单、时间紧凑、场景集中的戏剧式结构特点运用其中，依靠对话和动作来叙述人物和事件的发展变化，从而使得主题更加鲜明，人物形象更加立体和丰满。

契诃夫注重生活细节，把日常生活事件加以戏剧性的写作，将人物的德行、行为动机进行描述。借用日常生活中的闹剧和滑稽人物的言行反映社会现实。小说中很少有跌宕起伏的情节和惊险的事件，很少有急剧的事态转变和紧张的庞大场面，甚至没有强烈的感情冲动和复杂的心理分析。他认为：“越是严密，越是紧凑，就越富有表现力，就越鲜明。”也正是由于契诃夫的质朴，他才善于挖掘日常生活中的小事，在日常琐事中发掘人情和人性，塑造出悲剧性人物形象，使人产生一种来自心灵深处的沉痛感。契诃夫早期描写的下层人民悲惨生活的作品充满了朴素的情感，在幽默中弥漫着哀婉的悲剧色彩。

融讽刺、幽默、夸张和忧郁为一体的喜剧性表达

契诃夫是一个有着强烈幽默感的作家，在写作手法上融讽刺和幽默、夸张和忧郁为一体。这种天赋的幽默感只有在同生活现象碰撞并显示其本质时才能够产生具有审美价值的笑。讽刺和幽默始终是他作品的一个基调，既有明快的，又有忧伤的，悲喜交加，让读者在可笑荒唐的情境中，体会到深刻沉重的悲剧内核。他的幽默和讥讽，是抨击生活中庸俗的、不合理现象的主要表现手法。

契诃夫的小说有着浓郁的喜剧色彩，其笔调幽默、故事滑稽、手法夸张、语言诙谐。尽管人物和事件的性质各异，但经他描绘的小官吏形象奴性十足，丧失了自尊和人格。各色人等的庸俗生活，让人们品味着细微不同的感情色彩，反思着当时社会的乱象氛围，淡淡的幽默和辛辣的讽刺，在会心一笑后，心酸随即袭来，忧郁如影随形。其代表作《变色龙》《套中人》堪称俄罗斯文学史上精湛而完美的艺术珍品：前者成为见风使舵、善于变相、投机钻营者的代名词；后者成为因循守旧、畏首畏尾、害怕变革的符号象征。

《套中人》中的别里科夫

在契诃夫的很多小说作品中都表现了忧郁和幽默共存并融为一体的状况，幽默融入悲剧性因素，使其表达的主题更具感染力，情节幽默可笑，结尾处却欲笑不能，反映出当时俄国的社会百态，

官场、平民、知识分子等的整个社会的病态。对于劳苦大众，契诃夫始终报以同情的姿态，他将幽默情节与忧郁结局相融合，为的是唤起整个社会对劳苦大众更多的关注和同情，更揭批了小市民的庸俗卑劣和愚昧屈辱的奴性心态，比如《一个文官的死》《普里希别叶夫中士》《胖子和瘦子》《胜利者的胜利》等作品。

契诃夫幽默作品的主人公中有表现人性卑劣的，如《胜利者的胜利》。作品从人性的视角深入剖析了“胜利者”柯祖林的“胜利”所表现出的人性中的劣根性。当他由“部下”升到“上头”后，社会地位的变化导致了他由“受虐者”变成了“虐待者”，他疯狂虐待下属，表现了他寻求报复的卑劣心理。文章揭示了人性中的卑劣，反映了当时社会上普遍存在的一种病态。通过这个“胜利者”的行为，提出了社会发展的严肃问题，因此，此作品具有深刻的社会教育意义。

契诃夫幽默作品有表现社会下层人士的虚荣和奴性的，如在《胖子和瘦子》中，胖子和瘦子自幼是好朋友，久别重逢后他俩忘情相拥，寒暄之间，做了两年“八等文官”的“瘦子”得知“胖子”已是有两个星章的“三等文官”，顿时脸色发白，“蜷缩起来，弯腰曲背，矮了半截”，而当胖子向他伸手道别时，他只握住胖子的3个指头。《胜利者的胜利》中的库西岑可以任凭他的上司对他侮辱取笑，《一个文官的死》中的切尔维亚克夫因打了一个喷嚏而送命。他们的社会地位低下，对地位高的人产生莫名的畏惧，他们卑躬屈膝、俯首听命，从行为到内心，奴性已深入骨髓，令人无比悲哀。

契诃夫幽默作品的主人公有点社会地位的，如《普里希别叶夫中士》中的普里希别叶夫中士，《套中人》中的别里科夫。他们是沙皇专制制度的忠实卫道士的典型形象，他们专横、守旧、刻板。

《普里希别叶夫中士》中的普里希别叶夫以为自己见过大世面，有知识，看不起那些愚昧的老百姓，他要人们服从自己，遵守制度，不许他们唱歌、点灯。平日连妇女的行动也要监视，并且随意打人骂人，动不动就搬出“法律上没有说这样做”的法宝，号召人们安分守己、墨守成规，整个村子被他压制了 15 年。普里希别叶夫专横到如此荒唐的地步，再加上他那一系列伪装文雅的粗俗句子，着实令人发笑，这一切引发了人民的愤怒和反抗。通过描写这样一个退伍警察，鞭挞了维护专制暴政的打手世相，展现了其专横跋扈、暴戾恣睢的恶势力的丑恶嘴脸，揭示出黑暗时代社会反动势力的精神特征。

在《套中人》中，契诃夫运用讽刺、夸张、对比的手法塑造了别里科夫这个保守、反动、扼杀一切新思想的“装在套子里的人”的典型形象，入木三分地刻画了这个内心畸形的人物形象。他把自己的全部都装在“套子”里，最可怕的是作为教师的他还要用“套子”去套住学生和其他人的思想。作品赋予了这个漫画式的人物荒谬绝伦的思想和一本正经的反常语言，逼真地表现了别里科夫这个旧制度、旧秩序、旧思想维护者的典型形象，同时也反映了当时黑暗的社会现实，警探密布，告密诬陷，人心惶惶。作品中的别里科夫在社会上必然以各种各样的形式存在着。人们躲着别里科夫，害怕别里科夫，其实是害怕那黑暗的政治气候。在这里，契诃夫通过别里科夫这个人物将批判的锋芒直指扼杀一切生机的沙皇专制制度。结尾处作者运用了反语和潜台词，极其辛辣地嘲笑他“躺在棺材里，神情温和、愉快，甚至高兴”，人死了反而是人的真面目，他“仿佛是暗自庆幸自己终于装进了一个套子里，从此再也不必出来了，是啊！

他的理想实现了”。这正是一切“套中人”最好的归宿。

高尔基对契诃夫的幽默和讽刺有很高的评价，说他用幽默家的讽刺的微笑来描写人性的丑恶。

·小说创作的艺术风格

契诃夫的现实主义写实风格已达到登峰造极的高度。他作品中的人与事来源于生活的真实。他一方面通过对现实的生活素材进行选择、提炼、概括，从而深刻地揭示生活的某些本质特征；另一方面通过对现实生活的客观、具体的描写，反映出对丑恶现实的不满，对民众思想、生存状态的悲悯，对未来美好生活的期待，体现出作者的现实主义的鲜明思想和爱憎立场。

艺术精湛、风格独特的抒情心理风格

契诃夫善于截取平凡的日常生活片段，在平淡无奇的故事中透视生活的真理，在平凡琐事的描绘中揭示出某些重大的社会现象和社会问题。契诃夫运用象征等手法，抒发他对丑恶现实的不满和对美好未来的向往。他将某些比较抽象的精神品质化为具体的可以感知的形象，给读者留下深刻的印象，赋予文章以深意，给读者留下咀嚼回味的余地。比如《醋栗》《新娘》。

《醋栗》讲述了尼古拉·伊凡内奇从一个有为青年变成一个庸人的故事。他人生的全部理想就是为了买下一座庄园种植醋栗，以吃上醋栗当作人生的幸福。为了这个平庸的幸福，他节衣缩食，只看见眼前的土地，变得冷酷无情。契诃夫批判了这种狭隘的思想。呼吁人们跳出“三俄尺的土地”，到“能表现自由精神”的广阔天地里去奋斗。

《新娘》中的娜佳经历了一次重大的思想转折，转折的结果是她在道义上的觉醒，是她认识到庸俗无聊、不劳而获的寄生生活的可耻。转变是在她去看未来的新房引起的。新房是未婚夫安德烈兴趣、好恶和情操的全面反映。在此之前，娜佳并没有认识到未婚夫的这种小市民的心理，现在，他的内心世界和所谓的生活理想，在对娜佳喋喋不休的谈话中袒露无遗。娜佳决定与之决裂，与“不干净、不道德”的寄生生活决裂，她感到自己过去的生活没有意义，于是她出走了。

契诃夫的小说抒情气味浓郁，对生活场景和人物进行真实描绘和刻画，其褒扬和贬抑、欢悦和痛苦之情皆融于作品的形象之中，让读者从诸多形象中琢磨和回味作品的含义。比如《草原》和《牵小狗的女人》。

《草原》反映了人的命运与大自然息息相关，表现了大自然的灵性，“仿佛草原知道自己的孤独，知道自己的灵感和财富对这世界来说是白白荒废了”，它悲凉而无望地呼喊：“歌手啊！”感慨没有人来称颂它。在这里，人们分明听到了契诃夫的叹息声。

《牵小狗的女人》描写了一个两情相悦的爱情故事，表现了人与面具的冲突，讲述了只有经历真正的爱情才会有的心理体验和精神觉醒。

契诃夫主张：“在心理描写方面也要注意细节……最好还是避免描写人物的精神状态；应当尽力使得人物的精神状态能够从他的行动中看

明白。”比如《第六病室》中的尼基塔，从长相到拳头都有描述，“他的脸严厉而枯瘦，眉毛下垂，两道下垂的眉毛给他的脸增添一副草原牧羊犬的神情”“拳头粗大”，可看出一个打手的形象。又如《挂在脖子上的安娜》中的莫杰斯的吝啬形象：“拿起一个梨，用手指头揉搓一阵，犹豫不定地问……”这是契诃夫的写作特点，风格独特的心理描写，这是他为世界文学宝库做出的独特的贡献。

含蓄、冷峻的叙述风格

契诃夫创作的另一个风格是含蓄、冷峻地勾勒现实生活图景。契诃夫从不轻易在小说中直接表达自己的感情倾向和主观倾向，而是把这种倾向蕴含于客观冷静的艺术描写之中。他构思精当，富有概括力，运用客观含蓄、冷峻的叙述风格勾勒中心人物，同时写出人物所处的生活背景，让篇幅有限的小说有了更深广的内容，含而不露、耐人寻味地反映现实生活。如《瞌睡》中 13 岁的小女孩瓦尔卡白天不停地为主人干活儿，晚上还得整夜地给主人的小孩摇摇篮。因小孩总是整夜哭啼，她无法入睡，最后她掐死了摇篮中的小孩，倒在地上酣然入睡。在《万卡》中，9 岁的万卡在鞋铺里当学徒，给爷爷写了一封求救的信，那却是一封无法投递的信。契诃夫一定是含着泪水，运用了冷峻到几近残酷的写实手法写就的。契诃夫在创造生活背景上是独具匠心的，他在含蓄、冷峻的描绘中思考着社会环境以及时政对人们的残酷迫害。

《出差》描写了主人公鲁仁德的觉醒，觉醒的过程是在农村生活的背景下发生的。寒酸、破烂和令人恶心的村公所与灯火辉煌的、琴声悠扬的地主庄园，这两个完全不同的世界，竟仅相隔 3 俄里。契诃夫对现实进行了客观、冷峻的勾勒，主人公思想的觉醒，强调了现实生活的社会导向作用。

简洁与朴素的写作风格

契诃夫极其重视文笔的简洁，惜字如金。他的小说语言精练、言简意赅，无论在人物描写上，还是叙事上，简洁、凝练的朴实笔法让读者有了足够的空间去品味。他曾说“简练是天才的姊妹”“写作的艺术就是提炼的艺术”“写作的技巧，其实并不是写作的技巧，而是删掉写得不好的地方的技巧”。契诃夫在文字运用上精益求精，达到了炉火纯青的地步。他的小说大多是速写式的，既没有冗长的景物描写和背景交代，也很少有大起大落、曲折离奇的情节和急剧变化的紧张场面，而是情节简单、发展迅速、人物不多、主次分明，语言精练明快。他善于运用白描式的个性化语言刻画人物性格、塑造典型。比如在《变色龙》中，契诃夫仅仅写了狗咬人一件事，警察断案一个场面，4 个人物，故事情节极其简单，却有着极其强烈的讽刺效果。在《胖子和瘦子》中，契诃夫开门见山地写道：“在尼古拉的一个火车站上，有两个朋友，一个是胖子，一个是瘦子，碰见了。”《牵小狗的女人》也如此：“听说，海边堤岸上出现了一张新面孔—— 一个牵小狗的女人。”

朴素、自然是契诃夫短篇小说的一个特点。他的作品大多朴素得跟现实生活一样真实而自然。如《苦恼》中的马车夫姚纳，在儿子夭折的一星期里，几次想跟别人诉说一下内心的痛苦，都遭到各怀心事的乘客的冷遇，万般无奈之下，他只有向小马倾诉自己的不幸与悲哀。作者借助这一平淡无奇的故事，揭示出黑暗社会中的世态炎凉、人情冷漠和小人物孤苦无告的悲惨遭遇，具有震撼人心的艺术力量。

高尔基称赞道："作为文体家，契诃夫在我们当代艺术家中是唯一掌握了言简意赅的高超写作艺术的。"如《哀伤》写得简短而又扣人心弦，作品虽只有几千字，但作者通过人物的语言、心理活动，对过去 40 年生活的回顾及细节描写等艺术笔法，揭示了一对贫穷夫妻苦难的一生，写出了一个真实的令人心颤的悲剧。列夫·托尔斯泰因此非常推崇契诃夫，说："他就像印象派画家，看似无意义的一笔，却出现了无法取代的艺术效果。"

暗藏忧郁的叙事艺术风格

契诃夫运用幽默、含蓄、讽刺和悲喜剧的叙事手法，暗含着他悲悯人民的忧郁情怀。

契诃夫是在 19 世纪 80 年代俄国的幽默滑稽刊物上开始他的文学生涯的。他的短篇小说于幽默中带有讥讽意味，作品真实而自然，字里行间充满幽默、讽刺，却暗藏了忧郁的艺术风格。

契诃夫的幽默有两种表现形式：一种是人物的滑稽性，表现在人物的外貌、语言等细节上，比如《一个文官的死》；另一种是情节的趣味性，这种幽默具有整体性，比如《黑修士》。契诃夫的幽默多半是嘲笑式的，这种风格是建立在他长期对社会的观察之上的，是对生活的真实感悟，人物形象真实可感，使作品直指生活本质。

契诃夫的作品含蓄自然，讽刺辛辣，不失温和，又存说教，喜剧性与悲剧主题在字里行间融洽地共存着，表现出一种含蓄的幽默气质。他精心构造的戏剧性情节、滑稽可笑的人物以及小人物的悲惨命运，使小说不仅仅停留在滑稽层面，而是上升到忧虑人民生存问题的高度，他讥讽的对象也延展到社会乱象，表达了他对社会公正的祈愿。

在表达上，契诃夫在作品中以客观冷静的笔调反映生活，使作品内容意味深长、含蓄内敛，反映着深刻的社会现实。比如《苦恼》，马车夫姚纳刚刚失去了儿子，他想把丧子之痛与人诉说，可是没有一个人愿意分担他的痛苦，最后，他只有对他的小母马诉说，而且讲得出了神。这种苦恼是姚纳心中的苦恼，反映了人与人之间的隔阂。这种隔阂的苦恼才是人间共同的烦恼和悲哀。

契诃夫作品中自然的人物形象和情感饱满的人物对话、诗意的叙述笔触又使作品有一种淡淡的抒情意味。比如《猎人》中妇人对丈夫无望的苦恋与等待，心中的惆怅弥漫在字里行间。《哀伤》中的丈夫面对与自己生活了 40 年的妻子即将离世，感觉还没有与她相亲相爱地生活过，多希望能够从头活一次，这种哀伤是出其不意地涌出的。他的笔法力透纸背，高超的抒情艺术才能让这种悲情场景呈现出立体的光影。

触及时代话题的写实风格

契诃夫本着民主主义的写作立场，大胆地触及人类社会关乎人性的释放的时代话题。

契诃夫不论是写人还是写场面，都表达了可以感知的内在精神的力量，表达了民主主义的立场，比如与萨哈林岛相关的小说《在流放中》《凶杀》《古塞夫》《第六病室》。

《在流放中》中的两个西伯利亚的流放者，年纪大的叫谢敏，他的生活理念是随遇而安，将就活着；而另一个年轻人却眷恋着家乡，有着对明天的憧憬，他认为上帝创造人，就是要人活，无论是高兴，还是忧愁和伤心，人绝不是石头和泥土，要勇敢地面对生活。

《凶杀》说的是一个杀人犯亚科甫的故事。亚科甫因一时的情绪失控杀死了自己的弟弟，被流放到萨哈林岛。他想念家乡，想回到家乡，他向往着能过上没有痛苦的生活。这样的日子，哪怕只有一天他也会满足的。

《古塞夫》说的是一艘海船上发生的故事。在船上的诊疗所里，死了两个人，其中一个就是古塞夫。古塞夫是个勤务兵，他跟随部队在远东服役。此次是因病重乘船回家。死亡前的古塞夫想起了当兵前的农村生活，想起了母亲，他担心母亲的生活。他还想起了服役时的一些悲惨经历。按规定，船上的人死了要被包上帆布扔进大海。当古塞夫被捆得像一根萝卜被扔下船时，四周站着一些脱掉帽子的无限期休假的士兵和船员。这时，契诃夫用暖色的晚霞及形状来展示一种信念：人摆脱不掉社会和命运的安排，但人类不应绝望。这种温情与希望的亮色就是一种寄托和提示：世界如此美好，人生只有一次，我们应该怎么活？

《第六病室》是一篇极具震撼力的作品，其影响巨大，极具社会价值。少年列宁读后，感觉自己也被关在第六病室了。人们从人物和事件的延展中体会到作品中人性的真实，让人有了极大的思考空间。

契诃夫的短篇小说短小精悍，简练朴素，结构紧凑，情节生动，笔调幽默，语言明快，富于节奏感，寓意深刻。他创作出了一系列表现重大社会课题的作品。高尔基曾说：“俄罗斯的短篇小说是契诃夫同普希金、屠格涅夫一道创立的，他们都是‘不可企及’的。”美国评论家弗兰西斯称赞契诃夫的小说达到“绝顶完美的地步”，克服了短篇小说已有的形式上的局限，从平凡的生活题材中提炼重要主题，取材广泛，涉及社会各个角落。

▲ 02 戏剧

19 世纪 90 年代到 20 世纪初期是契诃夫创作的全盛时期，契诃夫的戏剧创作进入了一个新的阶段。深受当时俄国无产阶级革命激情和民主精神影响的契诃夫，民主主义立场日益坚定，对社会生活的观察更为深刻。他怀着善良之心和悲悯情怀，创作了大量的多幕剧和独幕剧。他的作品对 20 世纪的世界戏剧产生了很大的影响，具有时代精神和永恒的生命力，在今天的世界范围内，仍有其深刻的社会意义。他的戏剧是世界性的，他是一位伟大的剧作家。

· 戏剧创作与艺术成就

契诃夫一生共创作了独幕剧和多幕剧 17 个，其中独幕剧有《大路上》《论烟草的有害》《天鹅之歌》《没有父亲的人》《求婚》《蠢货》《一个不由自主的悲剧人物》《婚礼》《纪念日》等，多幕剧有《伊凡诺夫》

《林妖》《海鸥》《万尼亚舅舅》《三姐妹》《樱桃园》。其中《海鸥》《万尼亚舅舅》《三姐妹》和《樱桃园》已成为世界戏剧舞台上的经典剧目，它反映了1905年俄国革命前夕一部分小资产阶级知识分子的苦闷和追求。契诃夫的戏剧早已超越了时代和国别，横跨古典与现代，具有永恒的魅力。

独幕话剧《蠢货》，通过发生在俄国地主家庭生活中的一件小事，构成了一场妙趣横生的冲突。装腔作势的地主小寡妇波波娃，发誓要为生前对她并不忠实的丈夫守节终身，但偏遇上粗野无礼毫无理性可言的退伍军人斯米尔诺夫闯进门来要债。斯米尔诺夫揭穿了波波娃的感情游戏，双方由相互攻击、强烈的憎恨而发展到要决斗。但恰在这一瞬间，斯米尔诺夫竟“发现”眼前这个“红着脸、瞪着眼睛”要与他决斗的女人，这个曾被他咒骂为“一条极普通的鳄鱼”的女人，是那样“迷人”，于是决斗变成了求爱，变成了长时间的接吻。

《纪念日》剧照

《纪念日》写的是某银行要举行成立15周年的纪念日活动，所有的人都忙着做筹备工作，老会计希陵忙了四天四夜为董事长准备发言稿，距离开会的时间不到4个小时了，还有几页未写完，现在已经到了最紧张的阶段。偏偏这时董事长的老婆跑来，向董事长唠唠叨叨地讲述回娘家的事。过了一会儿又进来一个莫名其妙的老太婆，要董事长帮她讨回她丈夫的工资。董事长被搅得头昏脑涨，老会计根本无法静下心来写发言稿。就在他们用尽全力对付两个不相干的女人的时候，有人报告说，由股东组成的代表团已经到来，纪念日庆祝会就要开始了。大家手忙脚乱，慌作一团，帷幕就在这时落下了。

独幕话剧《求婚》描写了100年前俄国地主家庭的生活，展示了地主的性格特征和心灵的空虚，一场求婚演变成庸俗、无谓的争吵。戏很幽默，带有通俗喜剧的特点。主要是通过日常生活中喜剧性的情节嘲笑小市民的庸俗和地主的卑劣。

独幕话剧《婚礼》是由《有利可图的婚礼》和《有将军参加的婚礼》两个短篇小说改编而成的。剧中的新郎是一个当铺的估价员，他斤斤计较、趋炎附势，为了女方的1000卢布而甘愿娶这位丑陋不堪的老姑娘，还提出要一位将军来撑婚礼的场面。新娘的父亲是一个退休的十四品文官，家境并不富裕。准岳母花钱请了一个“海军将军”。结果，在婚礼上，

《婚礼》剧照

这位“将军”大讲如何在海上开船，大扫宾客的兴致。最后这个“海军将军”的身份被曝光，他只是一个“中将”。该剧反映了俄罗斯帝国统治下的小市民在婚嫁过程中贪财图利和羡慕虚荣的庸俗习气。两个讽刺故事组合在一起，使得戏剧冲突更加集中。

契诃夫第一部剧本《没有父亲的人》写于19世纪70年代，发表于1923年。该剧以乡村教师普拉东诺夫的命运为主线，通过父辈与子辈两代人的冲突，反映和揭示了19世纪70年代的社会矛盾。该剧呈现了一个贵族庄园的没落，一群以主人公普拉东诺夫为代表的无事可做、在忧郁烦闷中打发日子的知识分子，在罪孽和重负中，在思想意识混沌的社会中，好多不确定性的社会现象带给他们内心的恐慌。全剧人物众多，情节繁杂，写法上，把正剧因素和喜剧因素融合在一起，把“普拉东诺夫”的复杂性表现得很真实。“普拉东诺夫”这一艺术形象成为契诃夫作品中塑造的一系列艺术角色的前身。很难想象，十七八岁的契诃夫的处女作，有着如此的人生思考，有着简洁而精彩的台词“哈姆雷特害怕做梦，我害怕生活”。

契诃夫的第一部戏剧力作是《伊凡诺夫》。剧中的伊凡诺夫心事重重，未老先衰。在生活中，他不希冀找到生活的出路，只是思考自己不幸的原因，成了社会的“多余人”。契诃夫在这部剧中向读者展示了俄国知识分子的生活悲剧。

契诃夫创作的《海鸥》是一部散文式结构的戏剧，人物之间主次难分，角色又常常游离于主要情节之外，每个角色都呈现自然发展态势。契诃夫采用淡化悲伤情节的喜剧手法，展现了文学艺术家的命运。有才华、有抱负的青年作家特里勃列夫因失恋失去了写作的灵感，他在生活的重压下痛苦挣扎，好像所有的希望都破灭了。这是理想与庸俗的社会、艺术与偏见世俗的冲突，是文学艺术活动与他们所处的社会的不和谐。该剧于 1896 年在圣彼得堡皇家剧院演出，由于剧院导演对契诃夫的戏剧创作思路不了解，沿用传统的演剧形式来表现，结果演出惨遭失败。

1888 年 11 月中旬，契诃夫初识康斯坦丁·斯坦尼斯拉夫斯基，从此两人开始交往十几年之久。他们之间有着珍贵的友谊。1898 年春天，斯坦尼斯拉夫斯基和丹钦科筹建莫斯科艺术剧院。丹钦科是当时的小说家、剧作家，他负责选择剧本。5 月上旬，丹钦科给契诃夫写了一封真挚的信，请求契诃夫允许他来导演《海鸥》，并担保将制作出不落俗套的精良的演出方案，让剧中每个人物的内在悲剧震撼每一位观众。

1898 年 12 月，斯坦尼斯拉夫斯基与丹钦科联合执导的《海鸥》在新建的莫斯科艺术剧院演出并获得轰动性成功，这标志着一个新的现实主义戏剧流派的诞生。喜剧《海鸥》的成功让契诃夫在戏剧舞台上站稳了脚跟，奠定了契诃夫作为一位不可替代的戏剧大师的地位，同时也造就了一座世界一流剧院——莫斯科艺术剧院，海鸥的形象成了莫斯科艺术剧院的院徽。

《海鸥》的成功，正如斯坦尼斯拉夫斯基所言："如果说历史世态剧的路线把我们引向外表的现实主义，那么，直觉和情感的路线却把我们引向内心的现实主义。"此后，契诃夫与斯坦尼斯拉夫斯基、丹钦科等人开始了创造性的合作，对舞台艺术进行了重大改革。斯坦尼斯拉夫斯基在实践中形成了自己的戏剧理论，构建了以内心体验为核心、以"体验基础上的再体现"为基本内容的斯坦尼斯拉夫斯基戏剧表演体系。斯坦尼斯拉夫斯基体系是俄国现实主义戏剧体系的主要代表，是世界三大戏剧体系之一。

1898 年，契诃夫加盟莫斯科艺术剧院，结识了高尔基，并与之建立了深厚的友谊。他们两个人经常在一起研究戏剧和小说的发展情况，并研究如何为俄国的戏剧发展开辟新的道路。

1899 年，契诃夫的《万尼亚舅舅》在莫斯科艺术剧院上演。1900 年，他创作并发表了四幕正剧《三姐妹》。这一年，他当选为俄国皇家科学院名誉院士。1901 年，他的正剧《三姐妹》在莫斯科艺术剧院上演。1903 年，他完成了悲喜剧《樱桃园》。

《樱桃园》是契诃夫的绝笔之作，也是契诃夫的巅峰之作，是一部反映世纪之交人们困惑的剧作。1903 年 12 月，由斯坦尼斯拉夫斯基执导，莫斯科艺术剧院排演了契诃夫的剧本《樱桃园》，契诃夫抱病冒着严寒从雅尔塔来到了莫斯科。能够和斯坦尼斯拉夫斯基等朋友们在一起，看艺术剧院排演自己的《樱桃园》，他心里非常高兴。

1904 年 1 月 29 日，《樱桃园》在莫斯科艺术剧院首演，契诃夫原本想让它成为一部喜剧，但斯坦尼斯拉夫斯基仅将一些闹剧元素保留，将全剧变成了一部悲剧，结果演出大获成功。

《樱桃园》一剧反映了契诃夫高超的艺术造诣。这部不朽之作具有时代精神和永恒的生命力，代表了契诃夫在戏剧创作上的最高成就。契诃夫被誉为“俄罗斯的莎士比亚”。

·艺术特色和艺术风格

在戏剧创作上，契诃夫主张把最平凡最琐碎的生活搬上舞台，剧中往往没有传统意义上的正面人物和反面人物，大多表现的是人与环境的戏剧冲突。他在剧中只描写事物，不对事物做评判。西方有些评论家把契诃夫称为“自然主义剧作家中最自然的剧作家”，创立了“非戏剧化”的戏剧。西方学者普遍认为契诃夫是欧美现代戏剧的一位杰出先驱。如美国作家、戏剧评论家奥茨曾说过：“在掌握题材时所根据的哲学观点以及他所运用的许多戏剧技巧方面，契诃夫是当代荒诞戏剧的先声。”可见，现代戏剧由契诃夫开始的观点被人们所认可。

戏剧呈现出独特的静态性

契诃夫戏剧中的静态性是其戏剧创作的独特风格，表现在人物行动的阻滞、对话交流的隔阂、言语的停顿以及人物行动环境背景的抒情氛围的烘托等方面。如《海鸥》《万尼亚舅舅》《三姐妹》和《樱桃园》中，均呈现出人物行动阻滞的静态性，没有一个完整的戏剧动作，没有一个连贯的戏剧事件，甚至弱化外在的戏剧动作，缓解紧张的戏剧冲突。

在《海鸥》中，特里勃列夫与母亲的冲突最终在对艺术的体悟中消解，特里勃列夫的自杀也被放在了幕后。在《万尼亚舅舅》中，万尼亚与老教授的冲突也消解在平淡的庄园生活之中。在《三姐妹》里，姑嫂间的对抗始终被三姐妹对未来和莫斯科的徒然向往抑制着，也没有剧烈的戏剧冲突。可见，将戏剧内在的冲突引向更加深刻的层面上，是契诃夫戏剧静态性的更为本质的意义所在。

戏剧蕴含着深刻的喜剧精神和内敛的忧郁情怀

契诃夫的作品幽默含蓄，当他幽默的天赋与人生的真实状态相碰撞时，其忧郁的情怀彰显，悲喜的特征鲜明。他以冷酷的目光关注现实生活，观照人民生存境遇，对人类的生存状况进行了严肃的思考。当思想超越了对外在事物的悲剧伤感，就获得了对事物内在的喜剧本质，他的剧作就蕴含着独特而深刻的喜剧精神。

契诃夫的幽默才能与忧郁情怀的融合，赋予了契诃夫戏剧以独特的艺术韵味，这是契诃夫戏剧艺术最深刻的幽默。幽默中隐含着更深的忧郁，这种忧郁在幽默的张扬下是内敛的。契诃夫独特的喜剧精神贯穿在他的整个戏剧创作中，使戏剧作品具有了独特的艺术特色，体现着契诃夫艺术创作特有的悲喜风格。

在《海鸥》《万尼亚舅舅》《三姐妹》和《樱桃园》中，人物的悲情性生存状态被契诃夫冷酷地揭示出来，并在契诃夫戏剧中尽显其荒诞与滑稽，体现了对生活本质的喜剧式幽默精神。当然，这种幽默很独特，是超越了外在的滑稽闹剧而获得了深刻的喜剧性和暗含着的忧郁情怀。在这里，既能感受到契诃夫对人的生存状态，对青春逝去、诗意美黯然消失的深沉忧郁的叹息，也能感受到他对未来生活的期待。对未来的绝望与对未来的希望交织在一起，形成契诃夫戏剧忧郁与诙谐共融的艺术底蕴。

《樱桃园》绝非一部传统意义上的喜剧。“樱桃园”的消失不仅仅有哀叹的挽歌、难舍的无奈，更有乐观的亮色。契诃夫的喜剧具有典型的悲喜性，是对人生悲苦的喜剧式观照，是本质的艺术观念。恰如美国戏剧理论家理查德·皮斯所说："契诃夫将行动置于笑和眼泪犹如刀刃的交界上。但他不想在两者中求中立，他要使同情和怜悯在喜剧性中增强，或者使喜剧性在哭中加强。"

淡化戏剧情节和戏剧冲突的"非戏剧化"倾向

契诃夫戏剧淡化戏剧情节和戏剧冲突，重在发掘人物内在的戏剧性，追求舞台的"非戏剧化"倾向。

契诃夫突破传统戏剧叙事模式，对戏剧情节采取生活化处理，淡化情节的故事性，把日常生活画面搬上舞台，揭示社会现象及深层次的原因，发掘出更深刻的美和戏剧性。在《三姐妹》中，有如下几个片段：三姐妹对美好生活充满着向往，娜塔莎对三姐妹的生活干涉，玛莎婚姻的不幸，伊林娜在机械的工作中蹉跎岁月。这些场景看起来情节不连贯，故事性不强，却是以闲聊、聚会、送别等生活场面显示生活本身的悲剧。

《三姐妹》剧照

淡化戏剧冲突，采取简单化处理冲突，在冲突欲发未发之时戛然而止，削弱剧情本身所蕴含的戏剧性。在《海鸥》中，作家特里果林是女演员阿尔卡基娜的情夫，现在又和她儿子特里勃列夫的爱人宁娜打得火热。特里果林和特里勃列夫为着宁娜发生冲突，阿尔卡基娜和特里果林也为着宁娜发生冲突。结果本应存在的戏剧冲突没有出现，特里勃列夫口口声声说要和特里果林决斗，但实际上他俩口角都不曾发生过。在《万尼亚舅舅》中的拍卖庄园，在《樱桃园》中的拍卖樱桃园，都是作为一种背景性事件而存在，最应冲突的场面却没有体现。淡化戏剧冲突还体现在弱化人物的外部动作，着力于揭示人物的内心变化。在《万尼亚舅舅》中的第二幕，叶莲娜想弹一弹钢琴，宣泄心中的愁闷，竟得不到允许，这无异于毁灭了她追求幸福的希望，这场戏外表平静，实则充满了内心的冲突。

可见，淡化故事情节、外部冲突以及削弱外部力量，可以使得戏剧内在的力量更激荡。因外部戏剧性的弱化正是为丰富的内心戏留出空间，更集中地表现人物的内心活动和感情变化。契诃夫追求舞台的“非戏剧化”倾向的表现形式，将人物内在的心理活动和外在的戏剧冲突结合起来，将内在的、心灵的、抒情的因素和外在的、行动的、叙事的因素巧妙融合，在戏剧深处，发掘隐藏在人物内心更为深刻的戏剧性，从而能够更深入、更本质地揭示生活的悲剧，是契诃夫戏剧创作的独特的写作手法，形成了舞台上的“非戏剧化”演绎形式和风格。

制造人与自然的戏剧冲突，营造舞台抒情氛围

契诃夫戏剧凸显了人与环境、人与时间的戏剧冲突，营造了舞台抒情氛围。

契诃夫戏剧中突出了人在环境、时间面前的无奈。在《樱桃园》中，

他不是为庄园的消失而忧郁，而是为人无法去阻止这消失而忧郁。女主人朗涅夫斯卡雅无法挽救她的精神家园，因为新世纪之交人类的进步是要以“樱桃园”的消失为代价的，女主人所有的努力在与环境、时间的对抗中是微不足道的。她不忍听到砍伐树木的声音，噙着眼泪走了，这就是人类的命运，是人与时间和环境相冲突的必然结果。《三姐妹》中三姐妹注定无法回到莫斯科，也突出表现了人在时间与环境面前的无奈。当绝望的心面对这一切，面对无法操控的命运，其无奈与绝望犹如看人的生命一点点在消亡。

契诃夫还运用特殊的舞台音响营造戏剧氛围，恰到好处地烘托出剧中人物的种种情绪。《樱桃园》中，在一片寂静中，仿佛从天边传来了一种类似琴弦绷断的声音，然后这声音忧郁而缥缈地消逝了。剧本结尾时，又出现了一次琴弦绷断的声音，紧接着又是一片寂静。打破这片寂静的，是樱桃园深处斧子砍伐树木的声音，暗示了剧中人难以言传的复杂心绪：困惑和惆怅。

丰富的潜台词，浓郁的抒情味，展示人物的内心世界

契诃夫戏剧具有丰富的潜台词，展现人物的内心世界和生活的内在律动，具有真我的抒情和呈现。

契诃夫戏剧的语言运用极具特色。他设计的人物台词说话吞吞吐吐的、断断续续的。剧中人物彼此之间的对话也常常是答非所问，就在这许许多多杂乱无章的话语中却有着丰富的潜台词，隐藏着人们的思想意识和行为动机。在那个特定的现实社会里，人们无论是抱怨还是期盼，

以至于无论谈什么，首先想到的是自己，谈到的是自己。

契诃夫把现实搬上舞台，每个人都在说着自己的话，发泄着自己的积郁，形成多声部的对话场面。契诃夫把活生生的人的心声描画出来了，非常符合时代生活的真实。

契诃夫戏剧的潜台词，还通过人物“无声的语言”即“静止动作”来表现人物的内心活动。如一次口哨，一次无声的哭泣，一次未说完又吞回去的话，一次沉默无言，一次停顿，等等，其中对话中的“停顿”用得最多。比如《海鸥》里出现了32次停顿，《樱桃园》里有33次停顿，《三姐妹》里有64次停顿。契诃夫剧作的中文译者焦菊隐先生对于“停顿”在表现人物心态中所起的作用，曾这样说：“现实生活中最有力的东西，便是‘停顿’。它既表现刚刚经历过的一种内心纷扰的完结，同时又表现一种正要降临的情绪的爆发，或者某种内心的期待。它又表现内心活动的最澎湃、最热烈、最紧张的刹那。人物的精神世界和生活的内在律动，都要靠‘停顿’来表现的——这是一种最响亮的无声台词。所以，契诃夫的‘停顿’不是沉默，不是空白，不是死了的心情，相反地，是内心生活中最复杂、最紧张的状态所必然产生的现象。”

契诃夫是一位描写隐微细腻、不易捉摸情绪的巨匠。著名戏剧家斯坦尼斯拉夫斯基在他的《我的艺术生活》一文中谈到契诃夫的剧本时说：“有些剧本，乍一看，显不出它们的深度来。你读过后会说‘好，不过里面没有出乎平常的东西，没有赏心悦目的东西，一切恰如日常必需的样子……’但奇怪的是，多读一遍，你就多发现许多新的东西。……好像戏里藏着一个深不可测的创造力的源泉一样，又像藏着精练的诗歌的一朵花一样，向四周放散着芬芳。”莫斯科艺术剧院的奠基人丹钦科也曾说过这样一段话："在契诃夫的剧本中，演员无论如何不能只靠现成的台词生活，一定还要依靠那些内在的、初看是隐藏在他们里面的那些话来生活，每一个形象身上都有一种没有说出来的东西，都有一些隐藏的戏、隐藏的幻想、隐藏的感受，都有一大部分没有用话语表达出来的生活。"（《契诃夫与苏联剧院》，符·加兰诺夫著，林耘译。）契诃夫剧作的戏剧抒情味正是以这样一种深沉、内在的形式出现的。

戏剧创作的题材和风格与他的抒情心理小说基本相似

契诃夫是一位典型的自然主义作家，他的戏剧注重表现日常生活中的真实片段，他强调文学创作要客观真实，反对主观介入，尽量减少作品中个人的主观见解。他说："必须把剧本写得在舞台上，例如在树林或者花园的布景中，让别人觉出一种真实的生活气息，而不是画在画布上的那种东西。在房间里不要有道具的气味，而要有真正住宅的气味。"

在戏剧创作上，契诃夫把最平凡最琐碎的生活搬上舞台，不追求离奇曲折的戏剧情节，甚至给人以"静态"的表现方式。他刻意描摹生活的本来面目，描写平凡的日常生活场景和人物活动，在生活的常态中挖掘戏剧性，透过生活的表层将人物隐蔽的心理和行为揭示得淋漓尽致。他认为人物的内心世界更值得探讨，要利用自然环境与人物心理相呼应，表现心理内容的微动作，从中揭示社会生活的重要方面，创造出一种特别的，有时可以称之为令人难以忘怀的或是抒情味极浓的艺术氛围，比如《万尼亚舅舅》《樱桃园》《三姐妹》。

《万尼亚舅舅》的剧情就是在平淡无奇的日常生活细节中展现的，

而且越到戏的尾声越能使人感到戏剧中人物的冲突焦点转移到个人与全社会的冲突上。

《樱桃园》具有很浓郁的抒情色彩和悲喜剧因素，一方面揭示了像朗涅夫斯卡雅和加耶夫姐弟这样的旧地主不能阻挡旧生活的毁灭进程，另一方面也强烈地表达了他们要与旧生活告别、奔向幸福未来的激情。他们对“新生活”的盲目追求和欢呼表达了作者的浪漫情怀和乐观的生活态度。

在《三姐妹》中，契诃夫对破坏和毁灭生活中美的社会力量，给予有力的揭露和批判，展示了真善美与假恶丑的斗争。三姐妹是善良而软弱的，她们敌不过邪恶势力，但却期待着美好的未来。契诃夫在戏剧舞台上营造出的这种淡淡的抒情氛围，具有浪漫主义色彩和乐观主义情绪。

运用象征手法，阐释戏剧作品的现实意义

契诃夫戏剧具有现实象征意义，是其创作的独特艺术风格和重要艺术特征，有着明显的生活现实和深蕴的诗意。

契诃夫戏剧中的现实主义富有鼓舞力量和象征意义，其象征性是通过生活细节和人物内心世界的对照而产生的，这样的象征，有助于深刻揭示剧中人物的性格和心理状态，符合生活的真实和剧情发展的内在逻辑。

“海鸥”和“樱桃园”都是他独创的艺术形象象征。

“海鸥”具备动感性，它与剧本的主题和人物命运相关联，是对于另一种生活的渴望。《海鸥》中那片美丽的“湖上景色”，湖水是有灵性的，是一个诗意的象征。特里勃列夫因他写的戏要以这一片湖水作背

景，所以他“看得见湖水和天边”；宁娜来湖边演戏与特里勃列夫相会，所以她被“湖水牢牢地吸引着，像一只海鸥”；特里果林心里爱着宁娜不愿离开，“凝望着湖水”时，湖水是美丽的；特里勃列夫自杀的时候，湖上现出月黑风高浪急、一幅恐怖肃杀的景象。同一个“湖”，利用色彩和温度的变化，衬托出剧中人物内心思绪的走向，“湖上景色”象征着生活的现实，寓意冷酷的诗意，预示着情节的延展，具有了深刻的象征意义。

“樱桃园”是美的形象，却与斧头关联着，“斧子砍伐树木的声音”象征着旧生活的即将毁灭，美好的旧事物的消失，强化的是人类面临的困惑。被“大学生”的思想灌输的安尼雅发出这样的疑问：“我为什么不像从前那样爱樱桃园了呢？”樱桃园象征着旧事物，但它又是美好的事物，它具有诗意和哲理的意味。

象征不仅是形象性的，还是心理性的。比如《三姐妹》中，娜塔莎在第一幕中出场的衣着：粉红色的裙衫，系着一条绿带子。这就向观众展现出她内心世界的庸俗和小市民的趣味；而玛莎在一出场就穿着黑衣服，表现出玛莎内心笼罩着悲哀，她是三姐妹中命运最悲苦的，她的丈夫是一个中学教员，她对未来感到渺茫。而另两位姊妹奥尔加和伊林娜还没有结婚，心中还有希望。所以，绿带子和黑衣服都具有象征性。

三姐妹“到莫斯科去”的呼声，包含着三姐妹要离开苦恼和乏味的日常生活、奔向光明新天地的愿望。“莫斯科”成为新生活的象征，是三姐妹对美好生活的一种向往。

《万尼亚舅舅》中叶莲娜·安德列耶夫娜想弹钢琴，萌发了要摆脱乏味的生活寻求精神生活的念头，结果花园里巡夜人的打更声，代替了叶莲娜理应弹奏的钢琴声，这种象征体现了心理的冲突，是一种情绪的象征。

在世界文坛上，契诃夫是一位罕见的艺术家，他的小说和戏剧作品有着自己的独创性，其深沉、抒情、哲理的韵味，令读者陷入遐想。高尔基说，阅读契诃夫的小说时“感觉自己像置身于一个忧郁的秋日”。他还说，契诃夫的戏剧创作，“现实主义提高到了激动人心和深思熟虑的象征”，这就是契诃夫的情调和精神。列夫·托尔斯泰说：“（契诃夫）创造了新的形式，因此我丝毫不假作谦逊地肯定地说，在技术方面契诃夫远比我高明！这是一个无与伦比的艺术家。”

第三部分　主要作品介绍

要是命运狠心地欺负您跟我，那就不必跟它求情，对它叩头，而要看不起它，笑它，要不然它就会笑你。

▲ 01 《第六病室》

《第六病室》写于1892年，是契诃夫创作中期的作品，是一部震撼人心的悲剧性中篇小说。作品反映的是知识分子的精神世界，表现的是重大的社会课题。在这部小说中，契诃夫控诉了如监狱一般阴森恐怖的俄罗斯帝国，抨击了沙皇专制暴政对人民群众的肉体和精神的摧残，揭露了俄罗斯帝国专制政府和社会的种种弊端，批判了丑恶和麻木的社会秩序维护者，展现了人们生存的心理状态和万马齐喑的残酷现实。

《第六病室》是契诃夫在1890年考察俄罗斯帝国专制政府流放犯人之地——萨哈林岛后的作品，它标志着契诃夫思想和创作道路上的一个重要转折点，表达了契诃夫彻底否定"勿以暴力抗恶"的思想，体现了契诃夫对人类现状和未来深深的忧虑。该作品具有强烈的社会性、批判性和民主性。

《第六病室》中知识分子的绝望形象和腐败的环境散发的阴冷气息，让年轻的列宁在读了这部作品后"觉得可怕极了"，以至"在房间里待不住""自己好像也被关在六号病房里了"。阴森恐怖的第六病室成为俄国专制的符号和缩影。

· 历史链接及时代背景

19世纪初，工业革命扩展到欧洲和北美大陆。1803年，在新型资产阶级国家体制的影响下，当时的俄罗斯帝国，沙皇亚历山大一世推行自由主义，改革内政，颁布《自由农民法》，象征性地解放了5万农奴；对外采取军事行动，扩大疆域，巩固边界安全。当法国革命浪潮席卷欧洲时，亚历山大一世参加了反法同盟。1807年，在对法作战中俄军战败，亚历山大一世被迫与法兰西第一帝国皇帝拿破仑和谈，声明与英国断交，脱离了反法同盟，承认法国对波兰的统治，换取了俄国在波罗的海和里海的活动霸权。俄国为了经济利益暗中让英国船只进出俄国港口，导致拿破仑在1812年远征俄国。

亚历山大一世在1812年的卫国战争中打败了拿破仑的军队，但战争也严重地打击了俄国的经济。于是，他放缓了解放农奴的脚步，还实行屯田政策，集中劳力到边远的地区开垦荒地，试图解决战争带来的经济问题，但此举加重了对农奴的剥削，激起了农奴的反抗。

俄国在卫国战争中取得胜利，激发了人们的爱国热情。一些正直的贵族青年军官受到法国和欧洲资产阶级革命的启发，对国内政治现实日益不满，萌发了“改造祖国”的愿望。

从西欧战场上回来的出身贵族的年轻军官们，不满沙皇因军费紧张只能解决少数老兵生活费用的做法，加上他们身上充满了自由主义和民主主义思想，同情生活在底层的农奴，所以他们要求彻底废除农奴制，解决土地问题并废除沙皇专制制度，建立民主共和制度。由于俄国政权的专制和暴政，这些以军官为主的知识分子开始秘密结社。南方乌克兰的军官们组织了“南方结社”（斯拉夫人联合会），北方圣彼得堡的军官们组织了“北方结社”（救济同盟会），他们策划举行反对沙皇专制制度的武装起义。

1825年12月1日，亚历山大一世去世。1825年12月26日，新沙皇尼古拉一世即将登基之际，俄国爆发了反对沙皇残暴统治的武装起义，称“十二月党人起义”。尼古拉一世派出大量的军队镇压，最终镇压了起义，被打死的起义军官兵和老百姓达千余人。沙皇政府成立了“秘密审讯委员会”，对参加起义的人进行审判，数千名起义参加者被处以重刑，百余人被流放到人烟稀少、寒冷荒芜的西伯利亚服苦役。

此后的尼古拉一世实行秘密警察和酷刑拷打制度，疯狂镇压反对政府的活动，钳制自由主义民主思想的传播，排斥欧洲文化，禁止教授哲学和西欧宪法，残酷地将政治犯流放到西伯利亚。

19世纪40年代的俄国，农奴制危机日益严重，俄国的政治和经济发展成为社会各方瞩目的中心问题。俄国知识界出现了斯拉夫派和西方派。斯拉夫派代表保守的地主阶级利益，主张返回沙皇彼得一世改革以前“淳朴的”宗法制社会。西方派大多是自由主义贵族，希望俄国完全走西方的道路，实行君主立宪和议会政治，保留君主制和地主土地所有制，自上而下地逐步改良，实现社会主义。此外，以别林斯基和赫尔岑为首的革命民主派，他们则站在广大农民一边，要求用暴力推翻专制农奴制度，向往社会主义社会。

1861年 3月，沙皇亚历山大二世下诏进行改革，农民同地主、沙皇专制制度的矛盾愈益激化，一批代表农民利益的平民知识分子走上了民主革命的道路。当时涌现了一个革命思潮——民粹主义，后来逐渐形成

“民粹派”。

民粹派主要由资产阶级自由激进的知识分子和平民知识分子组成，主张用暴力推翻沙皇专制制度和农奴制度，绕过资本主义直接过渡到社会主义，他们掀起“到民间去”运动，抵制资本主义，建立“俄国式”的社会主义。不久，由于沙皇政府的镇压，民粹派“到民间去”运动以失败告终。平民知识分子和革命民主派领袖车尔尼雪夫斯基等则揭穿政府和自由派的骗局，站在广大农民一边，要求用暴力推翻专制农奴制度，积极发动农民起义。

1876年，民粹派在圣彼得堡成立“土地与自由社”，提出了明确的斗争纲领，主张把全部土地平分给农民，村社应有完全的自主权等。由于在斗争策略上的分歧，民粹派于1879年分裂为土地平分派和民意党。土地平分派领导人普列汉诺夫等在国外接受了马克思主义。民意党则热衷于搞恐怖活动，并于1881年3月13日炸死了沙皇亚历山大二世。

亚历山大三世继位后，疯狂地镇压革命人民，统治更加残酷，反动势力更加猖獗，新思想被禁锢，进步刊物被查封，进步力量被迫害，革命者成批地被绞死或流放，一时间万马齐喑。知识分子中普遍出现忧虑绝望情绪，悲观消极。小说家迦尔洵和诗人纳德松等民主主义者创作的文章，沉郁而忧伤。窒息的政治空气使许多人思想麻木冷漠，而生活在社会底层的劳动人民更是贫穷。

1890年4月至12月，契诃夫长途跋涉前往政府安置苦役犯和流刑犯的萨哈林岛考察，对那里将近1万名囚徒和移民逐一进行了调查。从萨哈林岛回来之后，契诃夫思想的转变是巨大的，他对俄国的专制制度有了更深刻的认识，对文学创作有了新的认识。

契诃夫的创作直面人民的痛苦和心声，他写出了《萨哈林岛游记》《在流放中》以及震撼人心的中篇小说《第六病室》。

《第六病室》是契诃夫创作道路的转折之作，他借小说揭露了俄罗斯帝国政府和社会的弊病，以及潜在的危机。在这篇小说中，契诃夫把第六病室比喻成整个沙皇统治下的俄国人民的阴暗的监狱，以唤起读者的觉醒。

·故事梗概

在医院的后院里有一座不大的偏屋，四周长着密密麻麻的牛蒡、荨麻和野生的大麻。这房子的铁皮屋顶已经生锈，烟囱塌了半截，门前的台阶早已腐朽，长出草来，墙上的灰浆只留下斑驳的残迹。偏屋的正面对着医院，后面朝向田野，一道带钉子的灰色围墙把偏屋和田野隔开。

打开第一道门，墙下和炉子旁边是一堆医院里的垃圾，发出一股令人窒息的臭味。

看守人尼基塔，嘴里衔着烟斗，躺在这堆破烂上。他的脸严厉而枯瘦，眉毛下垂，两道下垂的眉毛给他的脸增添一副草原牧羊犬的神情。他鼻子通红，身材不高，看上去瘦骨嶙峋，青筋暴突，可是神态威严，拳头粗大。他属于那种头脑简单、唯命是从、忠于职守、愚钝固执的人，这种人最喜欢秩序，他相信不打人就不能维持好这里的秩序。

再往里走，便进入一个大房间，浑浊的气味扑鼻，这里的墙壁被涂成暗蓝色，天花板被煤气熏黑了，窗子的里边装着铁栅栏。

房间里摆着几张床，床上坐着、躺着的人都穿着蓝色病人服，戴着旧式尖顶帽。这些人是疯子。

这里一共5个人。靠近房门睡的是个又高又瘦的小市民，剧烈而痛苦地咳嗽，正害着痨病。一头乌黑鬈发的犹太人莫谢伊卡，是医院的老住户，喜欢帮助人，被允许外出，甚至可以离开医院上街去。

伊凡·德米特里·格罗莫夫是个33岁的男子，贵族出身，担任过法院民事执行员，患有被害妄想症。他要么裹紧那件破旧的病人服缩成一团躺在床上浑身发抖，牙齿打战，要么在室内不停地走来走去。当想说话的欲望压倒一切顾虑时，他就放任自己，热烈地、激昂地讲起来。他的话没有条理，时快时慢，有时急促得让人听不明白，然而在他的言谈中，有一种异常美好的东西。听他说话，你会觉得他既是疯子又是正常人。他谈到人的卑鄙，谈到践踏真理的暴力，谈到人间未来的美好生活。

伊凡·德米特里住在莫斯科，上大学时，不知道什么叫穷。父亲死后，他不得不去做抄写工作，把全部收入都寄给母亲维持生计，自己却经常挨饿。不久他放弃学业，回到家乡，在县立学校得到一份教师工作。不久他就辞职不干了。母亲又去世了。他有半年之久失业在家，后来当上了法院的民事执行员。他一直担任这个职务，直到因病被解职为止。

伊凡·德米特里脸色苍白，身体消瘦。他生性急躁、多疑，没有朋友，更没有一个至交。他对城里人的粗鲁无知和浑浑噩噩的禽兽般的生活深恶痛绝。他说话时要么怒气冲冲、愤愤不平，要么兴高采烈露出惊奇的神色，不过任何时候他的表情都是真诚的。他认为这个城市的生活沉闷、无聊，充斥着形形色色的暴力、愚昧、腐化和伪善，卑鄙的人锦衣玉食，正直的人却忍饥挨饿。

一个秋天的早晨，伊凡·德米特里在一条巷子里遇到4个荷枪实弹的士兵押送着两名戴着手铐的犯人。回到家里，他一整天都想着那两个犯人和那4个荷枪的兵，有一种莫名其妙的惶恐不安的心情，夜里也不睡觉，老想着自己可能被捕，被戴上手铐关进监狱。

从此，伊凡·德米特里日日夜夜受着折磨。所有路过窗下的人和走进院子的人都像是奸细和暗探。如果在女房东家里遇到生人，他就惶惶不安。遇见警察和宪兵时他却露出笑脸，还吹着口哨，装出若无其事的样子。他一连几夜睡不着觉，故意大声打鼾，好让女房东觉得他睡着了。他完全沉溺于绝望与恐惧之中。

春天，雪化了，在公墓附近的一条沟里出现两具腐烂的尸体。伊凡·德米特里害怕别人认为这是他杀死的人。他躲进女房东的地窖里，冻了两天一夜。天黑了，他便溜进自己的房间里，一直站在房间中央，留心听着外面的动静。清晨，有几个修炉匠来找女房东。伊凡·德米特里认为这些人是便衣警察，他没戴帽子没穿上衣就溜出住宅，惊骇万分地顺着大街跑去。伊凡·德米特里觉得全世界的暴力都聚集在他的背后。

有人把伊凡·德米特里拦住，送回住处。女房东去请医生。医生安德烈·叶菲梅奇·拉京开了在头上冷敷的药液和桂樱叶滴剂的药方。人们把他送进医院，他每天夜里不睡觉，发脾气，搅得其他病人不得安宁。不久，安德烈·叶菲梅奇便下令把他转到第六病室。

医生安德烈·叶菲梅奇的外貌像个庄稼汉。不过他步态徐缓，走起路来小心翼翼、蹑手蹑脚。在狭窄的过道里遇见人时，他总是先停下来让路，说一声："对不起！"他的嗓子尖细、音色柔和，总是穿柔软的亚麻布或棉布衬衫。

当初安德烈·叶菲梅奇来到这儿的时候，感觉医院的情况糟透了。病室里，过道里，医院的院子里，到处臭烘烘的。医院的勤杂工、助理护士和他们的孩子们都跟病人一起住在病室里。在外科，丹毒从来没有绝迹过，整个医院只有两把手术刀，体温计一个也没有。总务长、女管理员和医士经常勒索病人钱财。据说前任老医生把医院里的酒精偷偷拿出去卖，他还网罗护士和女病人组成他的后宫。

安德烈·叶菲梅奇认为这些现象对病人的健康极为有害。他要求医院的勤杂工和护士不再在病室里过夜，添置了两柜子的医疗器械，其他的仍然如故。

安德烈·叶菲梅奇颇具智慧和正直，然而治理医院却缺乏坚强的性格和坚定的信心。每当有人拿来一份造假的账单要他签字，尽管他感到心中有愧，但还是在账单上签了字。遇到病人向他诉苦说吃不饱，或者抱怨护士态度粗暴，他就抱歉地嘟哝着："好，好，我以后调查一下……多半这是误会……"

安德烈·叶菲梅奇每天从早晨起就给患者看病、做手术，有时甚至为孕妇接生，一直干到吃午饭。久而久之，他感到厌烦了。实际上，一个上午看40名就诊病人，在体力上是吃不消的，看病结果只能是骗局。他想，既然死亡是每个人正常合理的结局，那又何必阻止人们去死呢？这些思索弄得安德烈·叶菲梅奇心灰意懒，从此他不再每天去医院上班了。回到家后，他立即坐到书房里开始看书。他最喜欢读历史和哲学方面的著作。

邮政局局长米哈伊尔·阿韦良内奇通常在傍晚来访。邮政局局长认为安德烈·叶菲梅奇有教养且志向高尚，因而尊敬他、喜爱他。

安德烈·叶菲梅奇和米哈伊尔·阿韦良内奇谈论起这个城市里人们的话题，谈到了人的智慧和快乐，感慨周围看不到有智慧的人，听不到智慧的谈吐。他讲起过去的生活美好，知识分子的聪明，看重的名誉和友谊。米哈伊尔·阿韦良内奇很是赞同。两人还谈到了灵魂。

送走了朋友，安德烈·叶菲梅奇开始看书和思考。他在想，医院主楼里的病人正遭受着疾病和浑身脓疮的折磨。这医院跟20年前一样，是不道德的机构，充满了偷盗、争吵、诽谤、徇私、招摇撞骗。他知道尼基塔经常殴打第六病室铁窗里的病人，还知道莫谢伊卡每天都去城里乞讨。

医学25年来发展迅速。抗菌剂的发现，连普通的地方自治局的医生都能做膝关节切除术。结石病、梅毒已经可以根治，还有诸多的遗传学说、催眠疗法。精神病学的精神病分类法、诊断法、医疗法，同过去相比，对待疯子很人道，甚至为他们举办演出和舞会。可身边这座医院的丑恶现象，皆因这里的市长和全体议员都是半文盲的小市民，他们把医生看作祭司。

安德烈·叶菲梅奇反问自己："由此得出什么呢？抗菌剂等丝毫改变不了事情的实质。患病率和死亡率一如往常。人们为疯子举办舞会和演戏，但依旧不能让他们自由行动，最好的维也纳医院和这个医院也没有什么差别。"

于是一种莫名的情绪纠缠着他，"我拿人家的钱却欺骗他们，我不诚实，但我只是社会罪恶的一小部分：所有的县官都是有害的，却白领着薪水……可见不诚实并不是我的过错，而是时代的过错……”

时钟敲了三下，他熄灯后进了卧室。可是他毫无睡意。

两年前，地方自治局每年拨款300卢布，作为市立医院增加医务人员的补助金。县医生叶夫根尼·费多雷奇·霍博托夫便受聘来到这个城市。他不到30岁，高颧骨，小眼睛，是个高身量的黑发男子。他的住所里只有一本书《一八八一年维也纳医院最新处方》。他很嫉妒安德烈·叶菲梅奇的职位。

一个春天的傍晚，安德烈·叶菲梅奇到医院大门口送别他的朋友邮政局长。这时，犹太人莫谢伊卡没戴帽子，光脚穿一双浅帮套鞋，手里拿着一小包讨来的东西回来了。

“给个小钱吧！”莫谢伊卡冻得浑身哆嗦，笑着对医生说。向来不拒绝人的医生给了他一个10戈比硬币。

安德烈·叶菲梅奇瞧着莫谢伊卡，有一种同情，又有点厌恶，便跟着莫谢伊卡走到偏屋，让尼基塔给这个犹太人找一双靴子。

伊凡·德米特里躺在床上，惶恐不安地听着外面的声音，他突然认出了安德烈·叶菲梅奇，一脸凶相跑到病室中央。

他突然尖叫一声，发狂似的跺一下脚，“打死这个浑蛋！不，打死还不解气！该把他扔进粪坑里淹死！”

安德烈·叶菲梅奇从外屋朝病室里张望，温和地问：“这是为什么？”

伊凡·德米特里叫道：“你是贼！骗子！刽子手！”

安德烈·叶菲梅奇抱歉地微笑着说：“我向您保证，我从来没有偷过任何东西。如果可以的话，冷静地告诉我：您为什么生气？”

“你为什么把我关在这里？”

“因为您有病。”

“你这蠢材分不清谁是疯子，谁是健康人。为什么该我和这几个不幸的人被关在这里？你、医士、总务长，以及你们医院里所有的坏蛋，在道德方面，比我们这里的任何人都要卑鄙得多，为什么被关的不是你们呢？什么逻辑？”

“这跟道德和逻辑完全不相干，一切取决于偶然。谁被关起来，他就得待在这里；谁没有被关起来，他就可以自由行动。就这么回事，这纯粹是一种毫无道理的偶然性。”

“这种胡扯我不懂……放我出去。”伊凡·德米特里闷声说着，坐到自己床上。

“因为这不取决于我。您想一想，即使我放了您，可是城里人或者警察还会捉住您，再送回来的。”

“对，对，这倒是真的……这真可怕！那么我该怎么办？怎么办？”

“您只有一种办法：安下心来，并且认定您待在这里是必要的。”

“这对谁都没有必要。”

“既然存在监狱和疯人院，那就总得有人住进去。您等着吧，在遥远的未来，监狱和疯人院不再存在，到那时也就不会再有这些铁窗和疯人病服。毫无疑问，这样的时代迟早要来到的。”

伊凡·德米特里冷冷一笑说：“像你和你的助手尼基塔这样的老爷们跟未来没有任何关系，但是你可以相信，美好的时代一定会到来的！新生活的曙光将普照大地，真理必胜，我们的后代会等到的。”

“我不认为这值得高兴，”安德烈·叶菲梅奇说，“监狱和疯人院即使没有了，真如您讲的胜利了，然而事情的本质、自然规律没变。人们还会生病、衰老、死亡，到头来人还得被钉进棺材、扔进墓穴。”

“那么永生呢？”

安德烈·叶菲梅奇愉快地微笑着说：“有信念，这很好。有信念的人哪怕被砌在墙里面也会生活得快乐。请问您在什么地方受过教育？”

“我上过大学，不过没有读完。”

“您是个有思想爱思考的人，在任何环境中您都能找到内心的平静，旨在探明生活意义的那种自由而深刻的思考，哪怕您生活在三道铁栏的里面，您也能拥有这种幸福。第欧根尼①住在木桶里，然而他比人间所有的帝王更幸福。”

伊凡·德米特里阴沉地说：“你为什么要对我谈起第欧根尼？谈起什么探明生活的意义？”他突然跳了起来：“我爱生活，我得了被害妄想症，我心里充满了对生活的渴望，这时我就害怕发疯。”

他叹了口气，随后又笑了起来，问：“请告诉我外面有什么新闻？报纸和杂志上有什么文章？”

病室里已经很暗。医生站起来，开始讲起国内外的一些重要文章，讲起当前出现的思想潮流。伊凡·德米特里仔细听着，不时提个问题，可是突然间，他似乎想起了什么可怕的事情，赶紧抱住头，在床上躺下，背对着医生。

安德烈·叶菲梅奇耸了耸肩膀，叹口气，走了出去。

---

① 第欧根尼（约公元前412—前324），古希腊哲学家，犬儒学派的代表人物。他的哲学思想为古希腊崇尚简朴的生活理想奠定了基础。他认为除了自然的需要必须满足外，其他的任何东西，包括社会生活和文化生活，都是不自然的、无足轻重的。他强调禁欲主义的自我满足，鼓励放弃舒适环境，恢复简朴自然的理想状态的生活。

安德烈·叶菲梅奇走回寓所时还在想："多么可爱的年轻人！我在此地住了那么久，他恐怕是头一个可以交谈的人。"

第二天早晨醒来，安德烈·叶菲梅奇决定再去看他一次。

安德烈·叶菲梅奇看到伊凡·德米特里还像昨天那样抱着头躺在床上。显然他对医生的问候很是戒备。

医生坐到床前的凳子上，说："就算我把您的话告到警察局去，您被捕受审了，可是难道您在法庭上、在监狱里就一定比在这里更糟？如果判您终生流放甚至服苦刑，难道就一定比关在这间病室里更糟？"

经历了昨天的激奋之后，此刻伊凡·德米特里神情疲倦，他的手指不住地颤抖，看他的脸色可知他头疼得厉害。"这种非人的生活我已经过了很久了。这里糟糕得叫人受不了！想家里温暖舒适的书房……想找个大夫治治头疼……"他说。

"在温暖舒适的书房和这个病室之间没有任何差异，"安德烈·叶菲梅奇说，"人的安宁和满足不在他身外，而在他内心。"

"你到希腊去宣传这套哲学吧，你那套哲学跟这里的气候不相适应。第欧根尼不需要书房和温暖的住所，那边天气炎热。他住他的木桶，吃橙子和橄榄就够了。如果他生活在俄罗斯，恐怕早就冷得缩成一团了。""对寒冷，以及一般说来对所有的痛苦，人可以做到没有感觉。斯多葛派[①]哲学家马可·奥勒留说过：'痛苦是人对病痛的一种生动观念，如果你运用意志的力量改变这种观念，抛开它，不再诉苦，痛苦就会消失。'智者或者一般的有思想、爱思考的人，之所以与众不同，就在于他蔑视痛苦，满足，对什么都不惊奇。"

---

① 斯多葛派认为世界理性决定事物的发展变化。所谓"世界理性"就是神性，它是世界的主宰，个人只不过是神的整体中的一分子。所以，斯多葛学派是唯心主义的。在社会生活中斯多葛派强调顺从天命，国家是自然的创造物，要安于智慧的君主的统治。

“这么说我是白痴，因为我痛苦，我不满，我对人的卑鄙感到吃惊。”

“那些使我们激动不安的身外之物是多么微不足道。竭力去探明生活的意义——这才是真正的幸福。”

伊凡·德米特里皱起眉头说：“什么身外之物，内心世界……我只知道上帝创造了有血有肉有神经的人，那么他对外界的一切刺激就应当有所反应。我疼痛，我就喊叫，流泪；看到卑鄙行为，我就愤怒；看到丑陋龌龊，我就厌恶。这本身就叫生活。机体越是低下，它的敏感性就越差，它对外界刺激的反应能力就越弱；机体越高级，它就越敏感，对现实的反应就越强烈。蔑视痛苦，任何时候都心满意足，对什么都不表示惊奇，除非痛苦把你磨炼得麻木不仁，对痛苦丧失了任何感觉。对不起，我不是智者，也不是哲学家，你的话我一点也不懂。我不善于争议。”

“刚好相反，您的争议很出色。”

“你刚才讲到的斯多葛派哲学家，他们的学说早在两千年前就停滞不前了。因为它不切实际、脱离生活，而大多数的人并不理解它。那种宣扬漠视财富、漠视生活的舒适、蔑视痛苦和死亡的学说，对绝大多数人来说是根本无法理解的，因为大多数人生来就不知道什么是财富、什么是生活的舒适。而蔑视痛苦对他来说也就是蔑视生活本身，因为人的全部实质就是由寒冷、饥饿、屈辱、损失以及对死亡的恐惧等感觉构成的。人可以因生活而苦恼、憎恨它，但不能蔑视它。”

伊凡·德米特里的思路突然中断，他停下来，苦恼地擦着额头。

“有个斯多葛派的人为了替亲人赎身，自己卖身为奴。你瞧，可见连斯多葛派的人对刺激也是有反应的。拿基督来说，基督对现实的回答是哭泣、微笑、忧愁、愤怒，甚至苦恼。他不是面带微笑去迎接痛苦，也没有蔑视死亡，而是在客西马尼园里祷告，求天父叫这苦难离开他（见《圣经·马太福音》第二十六章三十六节）。可是你根据什么理由宣扬这种观点呢？你是智者？哲学家？”

“不，我不是哲学家，可是每个人都应当宣扬它，因为这是合乎情理的。”

“为什么你认为自己有资格来宣扬探明生活意义、蔑视痛苦等等这类观点？难道你以前受过苦？请问：你小时候挨过打吗？”

“不，我的父母痛恨体罚。”

“你在父亲的庇护下长大，无忧无虑地读书，有一个高薪而清闲的工作。你住着公房，手中有权力，你把工作交给医生和其他浑蛋去做，自己在温暖安静的书房里读书看报，思考着各种各样的胡言乱语。总而言之，你只是在理论上认识现实。至于身外之物和内心世界，蔑视生活、痛苦、死亡，凡此种种是最适合俄国懒汉的哲学。比如说，你看见一个农民在打他的妻子，何必管呢？反正两人迟早都要死的。有个村妇牙疼来找你，何必治呢？疼痛是人对病痛的一种观念。年轻人来讨教怎样生活，你的答案永远是：努力去探明生活的意义，或者努力去寻找真正的幸福。可是这答案是没有的。我们这些人被关在铁牢里，受着煎熬，你认为合情合理，因为在这个病室和温暖舒适的书房之间没有差异。不，先生，这不是哲学，不是思考，不是眼界开阔，而是懒惰，是痴人说梦……”伊凡·德米特里又勃然大怒，“你蔑视痛苦，可是，如果你的手指让门夹一下，恐怕你就要大喊大叫了！假如你突然中风，倒在地上，某个浑蛋或无耻小人，利用他的地位和官势当众侮辱你，他这样做可以不受惩罚。那时的你还会叫别人去探明生活的意义、追求真正的幸福吗？”

“独到的见解，”安德烈·叶菲梅奇说，“您刚才对我的性格特征做了一番评定，我感到既愉快又吃惊。同您交谈给了我极大的乐趣。现在请听我说……”

安德烈·叶菲梅奇对这次谈话产生了深刻的印象。从此他开始每天都到这间屋子里去。他早晨去，下午去，黄昏时也能看到他跟伊凡·德米特里在交谈。

不久医院传遍流言，说医师安德烈·叶菲梅奇经常去第六病室。

有一天，那已经是6月底了，医生霍博托夫有事来找安德烈·叶菲梅奇，发现他不在家，就到医院里找他。这时有人告诉他，说老医生去看精神病人了。霍博托夫走进偏屋，站在外屋里，听见了这样的谈话：“我们永远谈不到一起，你也休想让我相信你的那一套。”伊凡·德米特里气愤地说，“你根本不了解现实生活，你没有受过苦，你只是像条水蛭那样专靠别人的痛苦而生活。我从出生到现在，天天都在受苦受难。我要坦率地说：我认为我在各方面都比你高明、都比你在行，你不配来教训我。”

安德烈·叶菲梅奇平静地说：“我的朋友，问题不在于您受苦而我没有受过苦。痛苦和欢乐都是暂时的。问题在于您和我都在思考，我们彼此都是善于思考和推理的人。我是多么厌恶无所不在的狂妄、平庸和愚昧，而每次跟您交谈我又是多么愉快！您是有头脑的人，我欣赏您。”

霍博托夫把门推开一点，往病室里看。伊凡·德米特里戴着尖顶帽和医师安德烈·叶菲梅奇并排坐在床边。医师低着头，一动不动地坐着，他的脸通红，一副无奈和忧伤的表情。霍博托夫耸耸肩膀，冷冷一笑，跟尼基塔对视一眼，尼基塔也耸耸肩膀。

第二天，霍博托夫跟医士一起来到偏屋，两人站在前室里偷听。

此后，安德烈·叶菲梅奇发觉周围有一种神秘气氛。医院里的勤杂工、护士和病人遇见他时总用疑问的目光看他几眼，然后私下里议论着什么。往日他在医院的花园里遇见总务长的小女儿玛莎，总是喜欢摸摸她的小脑袋，现在他微笑着走到她跟前时，不知为什么她跑开了。邮政局局长米哈伊尔·阿韦良内奇在与他说话时，总是若有所思地忧伤地看着他。他的同事霍博托夫来过两三次，推荐他服用溴化钾药水。

8月间，安德烈·叶菲梅奇收到市长的来信，信上说请他来商量事情。

安德烈·叶菲梅奇在约定的时间来到市政府，那里有军事长官、政府委派的县立学校的学监、市参议员、霍博托夫，另外还有一位医师。

“这里有一份你们医院的报告。”市参议员对安德烈·叶菲梅奇说，“叶夫根尼·费多雷奇·霍博托夫说，医院主楼里的药房太小，应当把它搬到侧屋去。关键是侧屋需要整修一番。”

“是的，不整修恐怕不行。”安德烈·叶菲梅奇想了一下说，“比如说，拿院子角上的侧屋充当药房，那么这笔费用我认为至少需要500卢布。这是一笔非生产性开支。”

霍博托夫一直用心听着自己同事的话，突然问道：“安德烈·叶菲梅奇，今天是几号？”

听到回答以后，霍博托夫和那个医生用主考官的口气开始发问：今天是星期几？一年有多少天？第六病室里是否住着一个了不起的先知？

在回答最后一个问题时，安德烈·叶菲梅奇红着脸说：“是的，他是一个病人，不过他是个有趣的年轻人。”

此后再没有人向他提任何问题。

当他在前厅里穿大衣的时候，军事长官一手按住他的肩头，叹口气说：“我们这些老头子都该退休啦！”

离开了市政府，安德烈·叶菲梅奇这才明白，这是个奉命来考查他的智能的委员会。他想起对他提的那些问题，第一次感到自己受了侮辱，感到气愤。

当天晚上，邮政局局长来看他，激动地说：“您病了！原谅我，亲爱的朋友，但这是真的，您周围的人早已觉察到了。刚才叶夫根尼·费多雷奇大夫对我说，为了有利于您的健康，您必须休息，散散心。过几天我去请假，我们一道走！”

安德烈·叶菲梅奇想起了在市政府的谈话，想起了离开市政府回家路上那份沉重的心情，他又觉得暂时离开这个城市，离开这些把他当成疯子的蠢人，也未尝不可。

过了一个星期，医院建议安德烈·叶菲梅奇休息，也就是要他提出辞职，对此他表现得相当冷淡。

又过了一个星期，他和米哈伊尔·阿韦良内奇坐上火车，去旅行了。

当安德烈·叶菲梅奇和米哈伊尔·阿韦良内奇回来时，已经是11月了，满街都是厚厚的积雪。霍博托夫医生已经接替安德烈·叶菲梅奇的职位，正等着安德烈·叶菲梅奇回来后腾出医院的寓所。

安德烈·叶菲梅奇回来的第一天就不得不找房子搬家。

安德烈·叶菲梅奇旅行回来后，身上只有86个卢布了。米哈伊尔·阿韦良内奇得知安德烈·叶菲梅奇成了乞丐，他忽然伤心大哭，抱住了自己的朋友。

安德烈·叶菲梅奇后来住到了小市民别洛娃家的一栋有三扇窗的小房子里。他每天8点钟起床，喝完茶便坐下来阅读旧书和旧杂志。他已经没钱买新书了。也许是书旧了，也许是环境变了，总之读书不再引起他极大的兴趣。

他曾两次去医院看望伊凡·德米特里，想再跟他谈一谈。但是那两次伊凡·德米特里都异常激愤、恼火。

现在安德烈·叶菲梅奇不知道自己该不该去第三次，其实他心里是想去的。

有一天下午，米哈伊尔·阿韦良内奇来了，当时安德烈·叶菲梅奇正躺在沙发上。事有凑巧，这时霍博托夫拿着一瓶溴化钾也来了。 两人对他病人般的安慰让他这些天来的积怨涌到喉头，他的心脏剧烈地跳动起来。

“真庸俗！”他大喝一声，浑身打战，“滚出去！两个人都滚出去！滚！” 米哈伊尔·阿韦良内奇和霍博托夫都站起来，莫名其妙地望着他。

“我既不要你们的友谊，也不要你们的药水，蠢材！庸俗！可恶！” 霍博托夫和米哈伊尔·阿韦良内奇不知所措地交换了一下眼色，退到门口。安德烈·叶菲梅奇抓起那瓶溴化钾，使劲朝他们背后扔去。

安德烈·叶菲梅奇彻夜未眠。第二天上午，10点来钟，他动身去邮政局向邮政局局长赔礼道歉。

米哈伊尔·阿韦良内奇说："您的处境极其不妙，住处狭小，无人照料，没钱治病…… 我和大夫一起真诚地恳求您，住到医院里去吧！那里有营养食品，有护理，有治疗。叶夫根尼·费多雷奇通晓医术，他向我保证，他要给您治病。"

安德烈·叶菲梅奇小声说："别信他们的！这是骗局！20年来我在这个城市里只找到一个有头脑的人。我根本没有病，我只是落进了一个魔圈里，再也出不去了。我已经无所谓，我做好了一切准备。现在所有的一切，包括我的朋友们真诚的关怀，都导致一个结局——我的毁灭。"

米哈伊尔·阿韦良内奇安慰道："好朋友，您会复原的。"安德烈·叶菲梅奇站起来告辞。米哈伊尔·阿韦良内奇一直把他送到大门口。

傍晚，霍博托夫来看望安德烈·叶菲梅奇。他平静地说："我有事来请您，您可愿意跟我一道去参加一次会诊？"

安德烈·叶菲梅奇琢磨，霍博托夫可能想让他出去走一走，散散心，或者真要给他一个挣钱的机会。因为昨天的事，他也很高兴有机会达成两人和解。

他们走进医院院子，朝偏屋走去。当走进第六病室时，霍博托夫对安德烈·叶菲梅奇小声说："这里有个病人由肺部引出并发症，您在这儿先等一下，我马上就回来。我去取我的听诊器。"

天色暗下来，病室里很静。伊凡·德米特里躺在床上睡着。安德烈·叶菲梅奇坐在他的床沿等着。一个半小时过去了，尼基塔抱着病人服和一双拖鞋进来了。

“老爷，请您换衣服。”他轻声说，“这是您的床，请过来。”他指着一张刚搬来的空床补充道：“不要紧，上帝保佑，您会复原的。”

安德烈·叶菲梅奇全明白了。他一句话都没说，穿上病人的衣服。尼基塔抱起安德烈·叶菲梅奇换下来的衣服，走出去，关上身后的门。

“无所谓……”安德烈·叶菲梅奇觉得自己像个囚徒了。

这一切简直不可思议。他的手发抖，腿脚冰凉。他站起来，在病室里不停地走来走去。

这时，伊凡·德米特里醒来了。“啊哈，你也被关到这里来啦，亲爱的！”他用带着睡意的嘶哑的声音说，还眯起一只眼睛，“我很高兴。你以前喝别人的血，现在轮到别人喝你的血了。妙不可言！”

“这是某种误会……”安德烈·叶菲梅奇说。

伊凡·德米特里啐了一口，躺下了。

安德烈·叶菲梅奇走到窗前，望着野外。天色已黑，在右侧的地平线上，升起一轮红色的冷月。在不远的地方，是一幢高大的围着石墙的白房子监狱。突然间他陷入绝望，伸出双手抓住铁栏杆，竭尽全力摇动起来。坚固的铁窗纹丝不动。他走到伊凡·德米特里床前，坐下了。

“我的精神崩溃了，亲爱的朋友。”他小声低语，战战兢兢地擦着冷汗。

“那你就谈谈人生哲理呀！”伊凡·德米特里挖苦说。

安德烈·叶菲梅奇有一种仿佛想哭、想引起怜悯的语气说：“我的朋友，为什么您要这样幸灾乐祸呢？如若小人物感到不满，为什么他不能发发议论呢？一个有头脑的、有教养的、有自尊心的、爱好自由的人，一个圣洁如神灵的人，竟然没有别的出路，除了去一个肮脏愚昧的小城当个医生，一辈子给病人拔火罐、贴水蛭、贴芥末膏！招摇撞骗，狭隘，庸俗！啊，我的天哪！”

“你说蠢话。既然讨厌当医生，你去当大臣呀！”

“不行，哪儿也不行。我们软弱……对世事我向来漠不关心，我积极而清醒地思考着，可是一旦生活粗暴地碰我一下，我就垂头丧气……意志消沉……我们软弱……您也一样，您聪明、高尚，您有激情，可是一旦您迈进生活，您就疲倦了、生病了……我们软弱、软弱啊！”

随着傍晚的来临，除了恐惧和屈辱之外，安德烈·叶菲梅奇感受到一种难以摆脱的痛苦。安德烈·叶菲梅奇走到门口，打开门，尼基塔挡住他的去路。

“我出去一会儿，在院子里走一走。”安德烈·叶菲梅奇慌张地说。

“不行，不行，这不允许。您自己也知道。”

尼基塔“嘭”的一声关上门，用背顶住门板。

“可是即使我出去了，这又碍谁的什么事呢？”他用颤抖的声音说，“我一定要出去！”

“别捣乱，这不好！”尼基塔教训道。

伊凡·德米特里突然跳起来喊道：“他有什么权力不放人出去？他们怎么敢把我们关在这里？法律好像明文规定，不经审判谁都不能被剥夺自由！这是暴力！专横！”

“当然，这是专横！”安德烈·叶菲梅奇受到伊凡·德米特里呼喊声的鼓舞，也说，“我要出去。我必须出去。他没有权力！放我出去，你听见没有？”

“他们绝不会把我们放出去！”这时伊凡·德米特里继续说道，

"他们要在这里把我们活活折磨死！哦，主啊！难道在那个世界里真的没有地狱，这些恶人可以不受惩罚？正义在哪里？快开门，恶鬼，我要闷死了！"他声嘶力竭地喊道："好吧，我来撞个头破血流！你们这些杀人凶手！"

尼基塔迅速打开门，用双手和膝盖把安德烈·叶菲梅奇推开，然后抡起胳膊，一拳头打在他的脸上。安德烈·叶菲梅奇向床那边倒去，他的牙齿出血了。他挥舞着胳膊，抓住了不知谁的床，这时他感到尼基塔在他背上又打了两拳。

伊凡·德米特里一声尖叫。想必他也挨打了。

随后一切都静下来。淡淡的月光照进铁窗，地板上落着网子一样的阴影。安德烈·叶菲梅奇惶恐不安地等着再一次挨打。他疼得直咬枕头，磨牙。忽然间，在他一片混沌的脑子里，清晰地闪出一个可怕的难堪的念头：此刻在月光下像鬼影般的这几个人，几十年来一定天天都忍受着这样的疼痛。20多年来他对此一无所知。良心的谴责，让他浑身冰冷。他想一跃而起，大喊一声，飞快地跑去杀了尼基塔，杀了霍博托夫、总务长和医士，然后自杀，然而从他的胸腔里发不出一丝声音，两条腿也不听使唤。他上气不接下气，一把抓住胸前的长袍和衬衫，猛地撕开。他倒在床上，失去了知觉。

第二天早晨，他头疼耳鸣，感到周身瘫软。想起昨天自己的软弱他不觉得有愧。昨天他真诚地说出了以前意料不到的思想感情，如小人物感到不满难免爱发议论的想法。可是现在他觉得一切都无所谓了。

他不吃不喝，躺着不动，一句话不说。

"我无所谓了，"别人问他话时他想，"我不想回答……我无所谓了。”

安德烈·叶菲梅奇明白他死到临头了，他忽然想到伊凡·德米特里、米哈伊尔·阿韦良内奇以及千千万万的人是相信永生的。万一真能这样呢？然而他不想永生，他的这个念头也只是一闪而过。傍晚，安德烈·叶菲梅奇因脑溢血死去。

第二天，安德烈·叶菲梅奇下葬了。送葬的人只有朋友米哈伊尔·阿韦良内奇和厨娘达留什卡。

1892年11月

·赏析

《第六病室》是契诃夫创作的著名的中篇小说，是契诃夫到政治犯流放地萨哈林岛考察后写就的一部富有反抗精神、具有重大社会意义的作品，是一部思想性和艺术性完美结合的作品。 通过对“第六病室”的描述，展现了处于俄国专制下的人们在物质和精神上备受煎熬的生存状态，揭露了沙皇统治的残暴与无情。这部中篇小说标志着契诃夫在创作上达到一个新的高度。

主题思想

《第六病室》里的两个主人公：一个是曾经的小职员，现在的所谓的精神病患者的伊凡·德米特里·格罗莫夫；一个是该院的主治医生安德烈·叶菲梅奇·拉京。两人都是知识分子，他们由医患之间的对话发展到思想认识层面内心深处的碰撞，从而引发了医院内部以及社会上的一场恐慌，最终将进步的思想萌芽消灭在俄国卫道士布控的秩序里。

格罗莫夫的形象概括地反映了富有正义感的下层知识分子的悲惨命运。他不满黑暗的现实，反对专制和奴役，对俄国 19 世纪六七十年代人们革命情绪高涨的社会生活十分向往。然而，他只是个弱者，他脱离人民，没有斗争的能力，最后他的人身自由被俄国的黑暗势力控制着。

拉京奉行“不以暴力抗恶”的人生哲学，想借此苟且偷生。事实证明，在这个野蛮、愚昧、阴暗的社会角落里，即使“苟且”也不能“偷生”。他刚来这个医院时，也曾有过改变这个医院状况的想法，也实施了一些办法。然而，黑暗势力把他压倒了，他只好继续把医院交给那些强盗一样的家伙们去管理。他躲在“不以暴力抗恶”的旗号下，偷偷享受个人的幸福。他信奉“人的安宁和满足不在他身外，而在他内心”的信条，不愿意也不敢作为，结果医院的状况越来越糟，他自己也因与格罗莫夫的谈话被偷听，而被当作精神失常关进了“第六病室”，最后死在看门人尼基塔的拳下。

小说以第六病室为主要场景，以两个知识分子的争论作为主要情节线索，塑造了医生拉京与“病人”格罗莫夫这两个知识分子的典型悲剧形象。拉京死了，格罗莫夫和其他人仍然被禁锢着，还要在尼基塔的维护秩序的铁拳下生活，还要在这样的监视下不声不响地活着。专制仍在延续，思想控制更加严酷，让那些所有还有知觉的俄国人民都不寒而栗、心惊胆战。这一切的变化揭示着专制政治独裁暴戾的本质。

整部作品忧郁低沉，它叩问了人性的意义与社会的公平，触及了严肃的社会问题和社会秩序，探索人类生存和暴力抗恶的发展主题，因而引起了当时知识界对社会本质的思索。

契诃夫笔下的“第六病室”是沙皇专制暴政下整个黑暗社会的一个缩影，是沙皇统治和禁锢人们思想和行为的阴森森的监狱。

人物分析

伊凡·德米特里·格罗莫夫是一个出身贵族的知识分子，后来家道中落，受尽了生活的煎熬，在一所小城市里谋到一个小职员工作。他热烈诚挚，向往高尚的情趣与美德；他对荣华富贵不感兴趣，向往真正公正的社会秩序；他爱憎分明，充满智慧和理性，对黑暗残酷的现实有着清醒的认识，对社会的浑浑噩噩和达官贵人的腐化生活深恶痛绝。然而，他没有力量去改造世界，他对这个世界充满着仇恨与恐惧。一次他看到两个被押解而过的犯人，深受刺激，他一下子明白过来：他原来就生活在沙皇专制下的俄国这个大监狱里，而且永远无处可逃。出于对这个社会威胁的一种本能的自卫，他精神上高度紧张和忧虑，整日生活在自己虚构的危险中，每时每刻都感到被压抑得透不过气来，他再也不能安然地生活下去了，他要逃离。

格罗莫夫被送到第六病室后，他才真正意识到逃避无用，他对自己的现状很无奈，他不是精神病患者，却是被囚禁的可怜的明眼人。

身陷第六病室里的格罗莫夫头脑仍然清醒，他智慧而激进的言辞正是对“第六病室”这个大监狱的反抗。他愤怒地叫喊：“我一定要出去！”“恶鬼，我要闷死了！”他声嘶力竭地喊道：“好吧，我来撞个头破血流！你们这些杀人凶手！”他提出抗议，他渴望自由，他要出去，他要离开监狱，逃离这个非人的地狱。格罗莫夫的遭遇，代表了富有正义感的下层知识分子的遭遇，反映了俄国专制统治下的小人物的悲惨境遇和毫无人权、没有自由的现实，他的愤怒抗议在黑暗中震响，宣布残暴的专制制度再也不能存在下去了。

拉京大学毕业后在某城市的一家医院行医，第六病室是该医院的一个精神科病房。他是一个正直的知识分子，刚来医院时，对待工作热情认真，想建立一种合理健全的医疗秩序。后来他发现医院里存在着偷窃、徇私等现象，医生治病也是在欺骗病人。他对现状不满，又深深感到生活在这黑暗的现实里自身的力量是多么软弱无力，他向现实妥协了。他躲在家里喝酒、看书，工作上变得懒散怠慢。每周只看几个病人，任由其他医士看病谋私，让病人到他们的诊所里买药。他偶尔也会因为欺骗了别人而良心不安，比如，对不合理报销的默许，对病人申述的敷衍。但是作为一个有思想的知识分子，他需要获得内心的平衡和宁静，并且要为自己的生活态度找到一种解释。他脑中逐渐形成了一种对现实妥协的自欺欺人的一套生活哲学。然而残酷的现实却使他内心越来越苦闷和矛盾。

拉京在偶然与格罗莫夫对话后，不由自主地被对方的激烈言辞和愤怒的抗议所吸引。他改变了原来的一些看法，并将格罗莫夫视若知己。

他经常到第六病室同格罗莫夫交流一些看法。但是，仅仅因为这样，他竟被恶势力视为异端。他刚刚对这个社会有了些清醒的认识，就被剥夺了主治医生的职务，很快就被内定为疯子，被骗进第六病室。而看守这个病房的尼基塔，用他的拳头导致了拉京的死亡。

在腐朽黑暗的沙皇专制社会的荼毒之下，拉京从一个善良正直的知识分子变成一个有思想的“疯子”，成为牺牲品，堕入精神的牢狱之中。

拉京的悲剧表明：沙皇专制制度不仅毁灭了格罗莫夫这样对现实强烈不满的知识分子，而且对于温驯善良不反抗的人，只要你的思想和行为与众不同，就将触动一些人敏感的神经，会让他们恐惧，会让他们变得不安心，进而遭受到他们的镇压。

写作手法

《第六病室》是一部思想性与艺术性完美结合的佳作。作品以写实风格凸显了故事的真实性，在平铺直叙中由表及里地表现了这座“精神病院”中思想者的挣扎。

场景的象征性

病室外部的环境：生锈的屋顶、歪斜的烟囱、毁坏的台阶，完全是一幅凄凉阴沉的景象，映衬着整个沙皇专制下的俄国政治大气候。病室里面的环境：污浊的空气、铅灰色的地板、冰冷的铁窗，这一切暗示着第六病房就是一座恐怖的监狱。

肮脏的病房里关押着的不是病人，而是有思想的知识分子伊凡·德米特里·格罗莫夫和安德烈·叶菲梅奇·拉京。这里的“病人”代表着全体受苦受难的俄国下层人民。

“病室”的看门人尼基塔代表着俄国军警，正在用暴力维护这里的“秩序”。“第六病室”是俄罗斯帝国一切黑暗专制的象征，是当时俄国这座大监狱的缩影。

对比的残酷性

把“疯子”的格罗莫夫和“有头脑”的格罗莫夫进行对比，经过巧妙的穿插描写，点明在沙皇专制下的俄国，善于思索并敢于直言者被认作“疯子”，而洞察专制制度罪恶的恰好是这些有头脑的“疯子”。作品表现了当时的俄罗斯帝国政府对人民思想和行为的禁锢。

把“疯子”格罗莫夫同“健康人”拉京医生进行对比。将他们之间的辩论铺陈开来，可见，在“疯子”身上表现出了健康人的思维和逻辑。“疯子”格罗莫夫目光犀利，言辞激烈，他敢于讲人的卑鄙，敢于怒斥蹂躏真理的暴力；而“健康人”拉京对世事漠不关心，把信念置于与传统的不合时宜的说教哲学和理性天然中，实属愚昧和自欺欺人。“疯子”格罗莫夫的形象无疑是沙皇政府囚禁的“精神病患者”，而有思想的“健康人”拉京也是政府囚禁的“精神病患者”。作品揭露了当时的俄罗斯帝国政府镇压人民、剥夺人民话语权的残暴统治。

把看门人尼基塔对身为医生的拉京，和成为“囚徒”的拉京的态度进行了对比。当拉京被关进了第六病室时，尼基塔对这个不久前还尊称为老爷的人施加了一顿拳脚，体现了这个无良世道的无情和粗暴，导致了思想者悲惨死去。作品揭露了沙皇专制制度卫道士的丑恶嘴脸。

把拉京喜爱的“智慧和正直”与他管理的医院存在的“欺骗和野蛮”相对比，再将拉京固有信条的行为和言谈与他后来被关进病室后的醒悟和屈辱相对比，在尼基塔的铁拳之下，他有一种彻骨的痛。他审视自己，也审视社会，最后以发不出声的死亡为代价，深刻地揭露了当时俄国社会的本质。

情节的简单性

这部小说没有众多的人物，没有复杂紧张的情节，以一个偏僻的小城市里的一家医院为外部环境，以一间病室为主要场景，以拉京与格罗莫夫两位知识分子的辩论为主要情节，来揭示深刻的主题思想。

在拉京的心中，格罗莫夫并不是精神病人，而是有深刻见解的人，因此格罗莫夫的怒骂痛斥，并不使他难受，相反赢得了他的好感，使他那套本来就十分虚幻的人生哲学发生了动摇。正是通过这一主要情节，作家批判了拉京那种“勿以暴力抗恶”的主张，肯定了格罗莫夫的清醒和反抗。同时也真实描绘了拉京不满黑暗现实而向往光明，又深感自身软弱而企望自我麻痹的复杂心态。

思想价值与社会影响

《第六病室》是一部思想深刻，震撼人心的中篇小说，是契诃夫最富反抗精神的作品之一，它揭露了在沙皇专制统治下的俄国像监狱一般阴森恐怖，批判了“勿以暴力抗恶”的主张，抨击了沙皇专制制度，并全面否定“勿以暴力抗恶”的托尔斯泰主义，具有深刻的思想价值和深远的社会影响。

第欧根尼幻想的破灭和“勿以暴力抗恶”理念的失败

安德烈·叶菲梅奇·拉京医生是个正直的人。医生的天职和人的良知使他对第六病室里的阴暗、野蛮、欺骗很气愤。可是，懦弱的性格和斯多葛派哲学使他深感自身的软弱而自我麻痹。他对世界的逃避比伊凡·德米特里·格罗莫夫更多。他已允许自己在虚构的世界中生存。“既然人必有一死，那么生存就毫无意义；痛苦、严寒只是生命体对世界的一种印象，努力克制便自然无事。”“一切都是由物质构成的，物质会在自然的新陈代谢中存在。”拉京对这些强加给自己的所谓学说在现实中、在与格罗莫夫的辩论中产生了质疑，对世界的看法、对光明的向往让他一次又一次与格罗莫夫畅谈。当他被黑暗的势力所不容，被关进病房时，那些曾经麻痹自己的幻想和理念彻底坍塌。他被囚禁在曾由自己管理的病室里，惨死在他的同僚和秩序的维护者的阴谋和拳头下，这足以让那些信奉“勿以暴力抗恶”主义者警觉。

智者的思想与无形牢狱的冲撞，一场思想上的革命必将到来

正如拉京所说，“一切取决于偶然。谁被关起来，他就得待在这里；谁没有被关起来，他就可以自由行动”。谁都可能进疯人院，无须理由，只要你是智者，就一定被囚禁。小说中的第六病室并不大，这样的囚室很小，但其具有禁锢人的思想和精神的震慑力。这就是可恶的沙皇思想专制。正如拉京所说：“聪明、高尚，有激情，可是一旦您迈进生活，您就疲倦了、生病了……我们软弱、软弱啊！”在黑暗里，思想者感到

深深的软弱无力，在苦难中，人们被磨炼得麻木不仁，对苦难失去感觉，可停止思想、盲从生活是人类进程史的悲哀呀！淡淡的月光照进铁窗，当医生变成病人，被打倒在地的拉京才感受到专制让病室中的人们天天忍受着这样的疼痛，自己 20 年来竟一无所知。他想一跃而起，杀了尼基塔，杀了霍博托夫、总务长和医士，然后自杀，其思想冲撞预示着必将产生一场人类思想上的革命。契诃夫的迷茫正如拉京的迷茫，在契诃夫创作的《第六病室》中，智者思想与无形牢狱相碰撞，其社会意义是深远的，社会效果是深广的。由此，契诃夫的创作思想乃至题材都有了实质的转变。

思想者的终极困境以及心灵深处迟来的痛苦

《第六病室》表现了所谓有序的体制对思想者的戕害。作为有着社会良知与道德底线的知识分子拉京只是与看似疯癫的犯人交换了一种对世界真实的思考方式，进行着人与人之间对世事交流和对人生的看法，却立即被秩序所禁锢。在这里小人物大谈哲理是极大的讥讽，医生的高论被自己的病人讥讽。医生变成了病人，现实让拉京的精神崩溃了，“对世事我向来漠不关心，我积极而清醒地思考着”，闪现的思想也无所谓正误了。他感叹自己的软弱，也叹息自己尽管“聪明、高尚”，也是“疲倦”了。作品表达了拉京这个思想者的终极困境以及心灵深处迟来的痛苦在这个充满谎言的世界里，医生在愚弄着病人：富人和饿死鬼所承受的痛苦总量是相当的；深锁在监狱里可以和置身草原一样自由；躺在医院病床上也可以如同身在天堂一般幸福。医生也被愚弄着：拉京被宣布疯了，他被骗进了第六病室；他分不清这个世界是怎么了，弄不清自己怎么就病了，他疑惑那些医护人员是不是也病了；他被看门人尼基塔殴打，受尽凌辱。拉京现在就是在承受自己的言辞带给别人的痛苦，只是明白得太迟了。

临死前的拉京脑海里闪过格罗莫夫、阿韦良内奇说的灵魂是永生的念头，便永远地离开了这个世界。一个具有独立思想、渴求内心自由的人，一个开始挣脱和反抗的人，最终被无情的社会所吞噬。

根据《第六病室》改编的俄罗斯电影《Ragin》(2004)

《第六病室》具有深刻的社会意义和深远的社会影响，它表明消极逃避、不以暴力抵抗邪恶的道路是走不通的，以拉京为代表的知识分子，曾一度以自己对事物的认识当过反动势力的帮凶，也想以掩耳盗铃的人生态度偷享余生。然而，他还是被毁灭了。以格罗莫夫为代表的有觉悟的知识分子，空有彻骨的激情，在残酷的外部环境下，只能在“病室”中苦苦挣扎，因此悲剧还在继续。

《第六病室》是契诃夫创作发展的转折点，从它问世的 1892 年到发表最后一篇小说《新娘》的 1903 年，这期间是契诃夫文学创作活动的顶峰。他的作品洋溢着民主主义精神，反映了“不能再这样生活下去”的社会情绪。

▲02 《樱桃园》

《樱桃园》是契诃夫创作的最后一部四幕喜剧，是契诃夫的巅峰之作。该剧写于 1903 年，讲述的是俄国贵族朗涅夫斯卡雅和兄长加耶夫一家，在祖上留下的庄园里生活的故事。由于加耶夫和朗涅夫斯卡雅不思经营又不懂庄园的管理，故而债台高筑。在生活中又不能面对现实，不能以“现实”方式解决所面临的危机，最终被迫拍卖祖传的樱桃园。

该剧围绕着“樱桃园的易主与消失”这个核心，描写了 19 世纪末 20 世纪初俄国资本主义迅速发展、贵族阶级逐渐没落、贵族庄园消失的情景，表现了人们毅然同过去告别和向往美好未来的乐观情绪，同时也反映了人们在世纪之交的困惑，表达了作者对美好社会的追求。

·历史链接与时代背景

契诃夫生活的时代正处于俄国社会发生重大变革的时期。19 世纪中期的俄国是一个社会矛盾极其尖锐的庞大国家。欧洲大地已经经历了法国大革命的洗礼，封建君主专制作为政治制度已然寿终正寝，近代工业革命蓬勃发展，启蒙主义思想正在广泛传播。而此时的俄国，仍然保留着沙皇专制制度，在经济发展上落后于法国、英国等欧洲国家。

1861 年，沙皇亚历山大二世进行了自上而下的改革，废除了农奴制。但是俄国面临的新的社会问题日益严重，人们依然生活在水深火热之中。俄国社会与政治生活发生动荡，自由托尔斯泰主义、民粹主义等各种政治立场的思潮和学说粉墨登场。

面对如此复杂的社会政治环境以及各种思想流派，契诃夫感到无比压抑。他于 1890 年去萨哈林岛考察，看到了真实的、残酷的社会现实，感受到了窒息的、沉闷的政治空气，深刻地了解了沙皇统治下的人间真相。

19 世纪末 20 世纪初，俄国社会经济体制发生变革，资本主义迅速发展，传统的封建农奴制逐渐被资本主义所代替，原来的农业生产资料也将被工厂主所占有。人们渐渐意识到物质与金钱的重要价值，疯狂地占有土地，新兴资产阶级走上历史舞台。随着商业文明的进步，新的物质文明蚕食着旧的精神家园，代表封建制度的贵族庄园经济彻底崩溃，传统文化受到了巨大的冲击甚至被抛弃。《樱桃园》正是这种社会状况的真实写照，它展示了贵族不可避免地没落以及被新兴资产阶级代替的历史过程。

· 故事梗概

故事发生在 19 世纪 80 年代俄国贵族朗涅夫斯卡雅的庄园里。柳苞芙·安德列耶芙娜·朗涅夫斯卡雅因婚姻不顺和丧子之痛远离祖国，在法国过着负债累累的贵族般的生活，剧情就是由她从法国回来开始的。

第一幕

黎明，已是5月，樱桃花开了，但花园里还有点冷，那是一种春天早晨的寒意。女仆杜尼雅莎手持蜡烛和商人罗伯兴正在等待庄园主柳苞芙·安德列耶芙娜·朗涅夫斯卡雅从国外归来。罗伯兴的父亲曾在这个庄园里做工，现在的罗伯兴已是腰缠万贯的富商。

罗伯兴想起当年第一次见到主人朗涅夫斯卡雅的情景，当时自己被醉酒的父亲打得满脸是血，朗涅夫斯卡雅把自己领到了洗脸盆前，说："别哭，小庄稼佬，这不会耽误你结婚娶新娘的。"这么些年，他一直记得，记住了自己低贱的出身。他自言自语道："小庄稼佬……真的，我的父亲的确是一个低贱的庄稼佬，可是我现在已经穿起白背心、黄皮鞋了。我一下子就阔起来了，手里有了一堆一堆的钱……不过细想想，还是个庄稼佬……"

听到两辆马车驶进院子的声音，杜尼雅莎和罗伯兴跑出去迎接。朗涅夫斯卡雅和她的女儿安尼雅一身旅行者的打扮，女教师夏尔洛塔·伊凡诺芙娜牵着一条小狗，在朗涅夫斯卡雅的养女瓦丽雅、哥哥列奥尼德·安德列耶维奇·加耶夫陪同下走进了家，仆人们拎着行李走在后面。

安尼雅很疲惫，身子都有些摇晃，她看着自己的房间，好像就没有离开过这里。瓦丽雅和安尼雅交谈起来。安尼雅说："在巴黎，那边很冷，下着雪。妈妈住在楼房的第五层，我去找她，见她屋子里有几个法国人，有男的，也有女的，还有一个老神父在看书，屋子里烟雾腾腾，感觉很不舒服。我突然间怜悯起我的妈妈，我抱着她的头，抱得很紧，松不开手。妈妈居然哭了，显得很慈爱。"瓦丽雅含泪说道："别说了，别说了。"安尼雅说："妈妈把在法国蒙当的一处别墅卖了。她已经一无所有，我也两手空空，我们好不容易回到了家。我们在火车站吃饭时，妈妈还点最贵的菜，而且给每个伙计一个卢布的小费。夏尔洛塔也是这样，雅沙也给自己要了一份菜，简直不像话。雅沙是妈妈身边的一个仆人，我们把他也带回来了。"她又问道："家中的情况怎么样？欠的利息付清了吗？"瓦丽雅说："付不起呀，8月份这庄园就要拍卖了。"

安尼雅的父亲6年前死了，一个月后，她7岁的小弟弟格里沙掉进河里淹死了，妈妈受不了丧子之痛，头也不回地出国了。

加耶夫和地主彼什克在聊打台球。朗涅夫斯卡雅看着自己曾经的育儿室，禁不住热泪盈眶。

安尼雅去睡觉了，朗涅夫斯卡雅心情仍很激动。此时，坐在家里，喝着咖啡，仿佛是在梦中！她和久别的哥哥以及朋友们聊起了往事。出国期间老奶妈死了，阿纳斯塔西也死了，她很悲伤。但见到了家中的老仆人费尔斯、儿时的朋友罗伯兴等人，心里又高兴起来。大家恭维着朗涅夫斯卡雅漂亮的巴黎时装。罗伯兴也表达着心中的情感，他说："我不计较别人说我是暴发户，只是希望您还像从前那样信任我，希望您那一双迷人的眼睛还像从前那样看着我。我的父亲曾是您祖辈的农奴，但您以前待我这么好，我像爱亲人一样爱您，甚至胜过爱自己的亲人。"朗涅夫斯卡雅听了很是高兴。

接着罗伯兴聊上了正题，说："你们的樱桃园将要抵债出售，拍卖会定在8月22日。我有个方案，你们的庄园离城只有20里，还靠近铁路线，如果把这座樱桃园连同河边的土地划分出一些地段，租给人家盖别墅，那样你们每年至少有25000卢布的进账。您如果现在就把这个方案公布出去，我保证到秋天您的所有地盘都会被抢租一空。总而言之，您得救了。这地方多漂亮，这条河多漂亮。不过需要整顿整顿，该拆的得拆了，比如，老房子都不能保留，包括这个房子，毫无用处了，还得把樱桃树给砍了。"朗涅夫斯卡雅听了，很激动，她认为在这个省里只有这座樱桃园最有价值。加耶夫也说《百科全书》上都提到过这座樱桃园。他们想保住樱桃园，却没有任何主见和解决问题的办法，只是沉浸在对过去生活的回忆中。罗伯兴说："这座樱桃园有什么了不起的，不过面积大些就是了。如果什么主意也不拿，什么办法也不想，那么到8月22日，这座樱桃园，连同整个庄园都要被拍卖掉。现在出现了从城里到乡下来住别墅的客人。所有的城镇，哪怕是小城镇，周边都包围着一片片别墅。可以断定，再过20年，别墅住客会增加许多倍。现在他们还只是在阳台上喝喝茶，但说不定有一天他们会在自己的一亩三分地上经营起来，那时你们的樱桃园会变得多么繁华，多么气派。"

养女瓦丽雅和年轻仆人雅沙告诉朗涅夫斯卡雅有两封从巴黎打来的

电报，放在了书柜里。朗涅夫斯卡雅没有读，就把两封电报撕碎，说自己和巴黎的缘分一刀两断了。看着这百年的书柜，加耶夫也很感慨，它在家族一代又一代人的心里点燃了对美好未来的信心，培养了善良的美德和社会自觉的理想。大家说着、回忆着。

罗伯兴看了看表，对朗涅夫斯卡雅说："别墅的事，您要是拿定了主意，就通知我，我会给您弄到50000卢布贷款的。你们好好想想，3个星期后咱们再见。"说完，罗伯兴便告辞了。

彼什克向朗涅夫斯卡雅借240卢布，因为明天他要付人家利息。朗涅夫斯卡雅因为没钱很为难。

瓦丽雅告诉朗涅夫斯卡雅，安尼雅睡了。瓦丽雅轻轻打开一扇窗，这时太阳出来了，天不太冷了。她让妈妈看花园中美丽的树木，听鸟在清新的空气里唱歌。加耶夫打开另一扇窗，看到满园子的白花。

朗涅夫斯卡雅凝望窗外的花园，想起自己的童年，她小时候就睡在这间育儿室。早上醒来，透过窗子看花园的景致，那时的花园也是这个样儿，全是白色的花！朗涅夫斯卡雅沉浸在自己的思绪中，多么美丽的花园！一片白花，一片蓝天……

这时特罗菲莫夫来看朗涅夫斯卡雅了，他曾是朗涅夫斯卡雅的孩子格里沙的家庭教师。朗涅夫斯卡雅诧异地望着他。瓦丽雅说："这是彼得·特罗菲莫夫。"朗涅夫斯卡雅拥抱着他，轻轻地哭泣，因为她想起了自己的孩子，瓦丽雅安慰着妈妈。朗涅夫斯卡雅对特罗菲莫夫说："您那时是个可爱的大学生，完全是个少年，而现在已经谢顶，还戴了眼镜。现在还能把您看成大学生吗？"特罗菲莫夫说："能，我要做个终身大学生。"他们又聊了一阵，朗涅夫斯卡雅让大家去睡觉。彼什克跟在她后边，说自己的痛风病犯了，要在这儿住下，还在求朗涅夫斯卡雅明天早上给他240卢布。朗涅夫斯卡雅经不住他的哀求，答应了。哥哥加耶夫怪妹妹还是那样大手大脚地扔钱。朗涅夫斯卡雅、彼什克等人去睡觉了，只剩下加耶夫、瓦丽雅和雅沙。

瓦丽雅看到妈妈的性格一点也没有改。她想，要是由着她的性子，她会把家当全部奉送给别人的。

加耶夫绞尽脑汁地想，若能够继承一笔遗产该多好，若能够把我们的安尼雅嫁一个有钱人该多好，若能够到雅罗斯拉夫的姑妈那里去碰碰运气也好。加耶夫对瓦丽雅说："姑妈是伯爵夫人，很富有，但她不喜欢我们。首先是因为妹妹嫁给了一个律师，不是嫁给了一个贵族……"

安尼雅出现在门口。加耶夫还在继续说："没有嫁给贵族不说，她的品行又不能说很端正。她固然很可爱、很善良、很迷人，我很爱她，但不管怎么想为她开脱，毕竟得承认，她在品行上不太检点，这从一些生活小事上就能看得出来。"

安尼雅说："亲爱的舅舅，你为什么要这么说？"加耶夫掩住自己的脸，说道："我真愚蠢！我不说话了。但我还要说一件正经事。星期四，我到法院去了一趟，那里有不少人，大家东拉西扯，聊得很热闹，我从中得到一个启发，可以用期票借一笔款子，再去付银行的利息。让你妈去和罗伯兴说，他当然不会拒绝她的……而你，歇一阵子之后，到雅罗斯拉夫去找伯爵夫人，你的外祖母。我们从三个方面一起行动，就一定能把事情办成。我相信，我们能把利息付清的……我用我的良心起誓，我们的庄园决不拍卖！我用我的幸福起誓！这是我的手，如果我不能阻止庄园被拍卖，你们叫我窝囊废好了！我用自己的生命起誓！"

安尼雅恢复了平静。老仆人费尔斯责备加耶夫不爱惜自己的身体，催他睡觉。大家都去睡了。

在花园深处，有个牧童在吹牧笛。

第二幕

太阳快要落山了，雅沙坐在小教堂旁边。

朗涅夫斯卡雅、加耶夫和罗伯兴从城里回来，来到花园中。罗伯兴说："该做出最后的决断了，时间不等人，同意不同意把地交出去盖别墅？"加耶夫还在想着玩台球的事情。朗涅夫斯卡雅看看自己的钱袋，昨天还有很多钱，今天就所剩无几。想到可怜的瓦丽雅为了节约家用，天天给大家做牛奶汤，那几个老用人在厨房只能嚼嚼豌豆，而自己却这样乱花钱。正凝神想着，钱袋掉到地上，硬币撒落一地。雅沙过来帮忙捡拾。

朗涅夫斯卡雅说："我为什么要进城去吃这顿饭，餐厅太不好了，放的音乐很俗，桌布散发着肥皂的臭味……哥哥，你为什么喝那么多酒？今天你在餐厅里又高谈阔论，而且说话不分场合、没有分寸。又是谈论70年代，又是谈论现代派。你是在跟餐厅里的大师傅、小伙计们谈论现代派！"加耶夫摇手道："我改不掉这个毛病了。"

雅沙把钱包交还给朗涅夫斯卡雅，走开了。

罗伯兴说："大财主杰利加诺夫准备买下你们的庄园。据说，那天他会亲自光临拍卖会现场。"加耶夫心里在盼望雅罗斯拉夫的姑妈能寄钱来。罗伯兴说："我一辈子可还没有遇见过像你们两位这么琐碎、这么古里古怪、这么不务实际的人呢。你们的庄园要被拍卖了，而你们像是听不懂我说的话。”朗涅夫斯卡雅只好请他指教。罗伯兴说：“你们务必把樱桃园和地产租出去建别墅，而且要尽快去办这件事，因为拍卖会迫在眉睫！你们要明白，你们只要下决心让别墅在这里盖起来，那么你们想要得到多少钱就能得到多少钱，那么你们就得救了。”但朗涅夫斯卡雅和加耶夫认为这个办法俗不可耐。

罗伯兴说：“我受不了啦！你们把我折磨得好苦！”说着就要离去。朗涅夫斯卡雅不知自己在想什么、在等待着什么，感觉好像有个大房子要从头顶上倒塌下来。她恐惧地说：“别走，我求您了。有您在，我心里还松快一些，我们还能想点其他办法。”加耶夫却在想他的台球，怎样发球擦边角，怎样弹回进中间网兜。

朗涅夫斯卡雅想到祖传的樱桃园如今面临的状况，不禁长叹：“我们造了不少孽呀！”加耶夫把一块糖塞进嘴里笑着说：“人家说，我们吃糖把家产都吃光了。”朗涅夫斯卡雅接着说：“是我的罪孽，我像个疯子似的，花钱如流水，我嫁给了一个负债累累的人。我的丈夫喝酒喝得特别凶，他是喝香槟喝死的。不幸的我又爱上了一个人，正在这个时候，我的儿子淹死了。我立刻出了国，心想我再也不回来了，为的是再也不要见到这条河……我糊里糊涂地跑到了国外，而他追我来了……他是那样粗鲁。我在法国蒙当附近买了别墅，因为他在那里病了，就这么3年的时间里，我白天黑夜都得不到休息，这病人把我折磨得心都要碎了。到了去年，我把别墅卖了还清了债务，到了巴黎，他在巴黎耗光了我的全部钱财之后，抛开我与另一个女人同居了，那时我真想服毒自杀。可突然间，我强烈地怀念起俄罗斯来了，我怀念祖国，怀念我的女儿。”

朗涅夫斯卡雅擦拭着眼泪，“今天收到了他从巴黎打来的电报，请求原谅，求我回去。”这时有乐曲声传来。

加耶夫说：“是我们有名的犹太人乐团。你还记得吗，四把小提琴，一支长笛和一把大提琴。”朗涅夫斯卡雅惊喜道：“这乐团还在呀？咱们什么时候请他们来一次，开个小型晚会。”罗伯兴倾听了一会儿，什么也听不见。他说：“昨天到剧院看了出戏，特别可笑。”朗涅夫斯卡雅说：“大概没有什么可笑的。您需要的不是看戏，您活得多没有味道。”罗伯兴说：“我父亲是个庄稼汉，只知道喝醉了酒之后用木棍揍我。实际上，我也是那样的一个笨蛋。没有学过文化，我写的字难看得见不得人。”

特罗菲莫夫、安尼雅和瓦丽雅来到了花园。安尼雅是个快活的姑娘，特罗菲莫夫对新生活的向往强烈地感染着她。

罗伯兴笑问特罗菲莫夫对他的看法，特罗菲莫夫说：“您是个富人，很快就是个百万富翁。从新陈代谢的角度看，自然界需要贪得无厌的猛兽，您这样的人社会也需要。”大家笑起来。朗涅夫斯卡雅让特罗菲莫夫继续昨天的话题，特罗菲莫夫说：“昨天我们谈了很久，但没有得出任何结论来。按照你们的想法，在骄傲的人身上存在某种神秘的东西。也许你们的想法也有道理，但如果我们不故弄玄虚，而是用简单的方式来考察，既然人类的生理构造这么脆弱，而且大多数人还是那么粗鲁、愚蠢和不幸，那么还有什么骄傲可言？别再自我吹嘘了，现在需要的是工作。”加耶夫说人反正是要死的。特罗菲莫夫说：“谁知道呢？而且什么叫死亡？也许，人有 100 种感觉，随着人的死亡而死去的，是我们已知的 5 种感觉，而其余的 95 种感觉还存活着。人类在前进，在不断地完善自己的力量。人类现在还不能达到的一切，有朝一日会变成近在眼前的；只是需要工作，需要全力支持那些正在探求真理的人们。在我们俄罗斯，现在只有很少一部分人在工作。就我所知，大部分的知识分子都缺乏探索精神，缺乏工作热情，也缺乏劳动技能。那些自命为知识分子的人，对仆人毫不尊重，对待农民像对待牲口一样。他们不好好学习，不读严肃的书籍，不做正经事，他们空谈科学，对艺术一知半解。大家都装着一本正经，板着脸，信口开河，说的都是国家大事，但眼看着工人们在吃猪狗不如的食物，睡觉连枕头都没有，三四十个人挤在一个屋子里，到处都是臭虫、臭气、潮湿，还有道德上的堕落……很明显，所有这些漂亮的言语不过是自欺欺人的把戏罢了。请问，我们议论了多年的幼儿园在哪儿？我们的图书阅览室又在哪儿？它们仅仅出现在小说里，在生活里根本找不到。有的只是泥泞、庸俗和残暴……我害怕，我不喜欢看这些一本正经的嘴脸，我害怕听这些一本正经的谈话，还是沉默为好！”

罗伯兴说：“我每天早上 5 点钟起床，从早上一直工作到晚上，要经手很多自己的钱和别人的钱，所以我能看明白周围都是些什么人。只要着手做点什么事情，你就会知道正经的好人很少。有时夜里失眠，我就想：‘上帝，你赐给了我们庞大的森林，无边的土地，深远的地平线，我们生活在其间也应该做个顶天立地的巨人啊！’” 朗涅夫斯卡雅说：“巨人只有在童话里是好的，而实际上是很可怕的。”

这时太阳落山了，一片寂静。突然间传来一个遥远的、像是来自天外边的声音，像是琴弦绷断的声音，随后，这忧伤的声音慢慢地消失了。

一个过路人，头戴一顶陈旧的白色宽边帽，身披大衣，带着几分醉意。他向加耶夫打听去火车站的路，得到回答后，又向瓦丽雅说：“小姐，赏给挨饿的俄国人 50 戈比吧！”瓦丽雅惊叫起来，罗伯兴也生气地说此人厚颜无耻。朗涅夫斯卡雅却慌张地在钱包里摸索，银币没有了，拿出金币给了他。

瓦丽雅恐慌地说：“哎嘿，妈妈，家里都揭不开锅了，而您还给他金币。”朗涅夫斯卡雅说：“我有什么办法！到了家我把我所有的钱都交给您。”她向罗伯兴说：“再借点钱给我！”罗伯兴只能答应，他再次提醒，8 月 22 日，樱桃园要拍卖。大家都离去了，只剩下特罗菲莫夫和安尼雅。

特罗菲莫夫说：“我们生活的目标和意义，是在于要摆脱掉一切渺小的、虚幻的东西，它们妨碍我们成为一个自由而幸福的人。前进！我们要奋不顾身地走向那颗闪闪发光的星星，它闪耀在遥远的天际！”安尼雅挥舞着手臂说：“你说得好！我为什么不像从前那样地爱樱桃园了呢？我以前是那样地爱着它，认为世上再没有比我们的花园更美的地方了。”特罗菲莫夫说：“整个俄罗斯都是我们的花园。您想想，您的祖父、曾祖父和您所有的祖先，都是农奴主。您的母亲、您、您的舅舅没有意识到你们欠着别人的债，你们是靠着别人，靠着那些你们不容许走进自家内院的穷人过活的。噢，这很可怕，你们的樱桃园很可怕。当黄昏时分或者深夜里走过花园，那樱桃树粗老的树皮发出幽暗的光，好像樱桃树在梦中看到了一二百年前的情景，沉睡的噩梦压抑着它们。是的，我们落后了，落后了至少 200 年，我们一事无成，对历史的过去没有明确的态度，我们只知道空发议论，只知道埋怨乏味的生活，要不就是狂饮伏特加酒。要知道这是很清楚的，如果想要生活在今天，就需要补偿过去，和它来个了结。而要补偿过去，就需要感受痛苦，就需要不知疲倦地劳作。这所房子早就不属于我们了，我要离开这里，我向您保证。如果您手里有家里的钥匙，就把它们扔进井里去，然后离家出走。您要做自由的人，像风一样自由。”安尼雅兴奋异常，很认可他的话。

特罗菲莫夫接着说：“请您相信我！我还不到 30 岁，我年轻，我还是个大学生，但我已经经历过很多磨难！命运驱使我不停奔波，浪迹天涯！但尽管这样，无论是白天还是黑夜，我的心里永远充满着无法言喻的预感，我预感到幸福的临近，安尼雅，我已经能看到它。”安尼雅沉思着。

第三幕

樱桃园拍卖的时候到了。晚上，朗涅夫斯卡雅邀请了许多客人参加她举办的舞会，可是她全无往日的轻松和快乐。众人在大厅里跳舞，枝形烛台上的蜡烛燃烧着，犹太乐团演奏的声音从前厅传来。舞者一对一对地走进客厅。瓦丽雅轻声地哭泣着。她在想，把乐队请来了，用什么付他们劳务费呢？费尔斯身穿着燕尾服，用托盘托着矿泉水在一旁服侍着。

彼什克和特罗菲莫夫走进客厅，朗涅夫斯卡雅和夏尔洛塔也走进客厅。朗涅夫斯卡雅吩咐杜尼雅莎给乐师们沏壶茶，问列奥尼德怎么还不回来。特罗菲莫夫回答，大概拍卖会没有举行。

夏尔洛塔、彼什克等玩牌变戏法。朗涅夫斯卡雅不时地鼓掌喝彩。

朗涅夫斯卡雅还在想，列奥尼德为什么要在城里耽搁那么久？要么庄园已经卖掉，要么拍卖会没有举行。瓦丽雅努力安慰母亲，舅舅肯定把庄园买下了。雅罗斯拉夫的外祖母给他拿来了委托书，让他用外祖母的名义买下庄园，把押据也过户到她名下。她这样做是为了安尼雅。朗涅夫斯卡雅说，雅罗斯拉夫的外祖母寄来15000卢布，让用她的名义买下庄园——她不相信我们——可是这点钱连付利息也不够。朗涅夫斯卡雅非常不安，列奥尼德为什么还不回来？她控制不住自己了，对特罗菲莫夫说："彼得，救救我吧，跟我说点什么。"特罗菲莫夫回答："庄园是卖掉了，还是没有卖掉，难道不都是一样？庄园的事已经了结了，没有回旋的余地，不要折磨自己了，需要在生活中勇敢地面对真实，不要再自欺欺人。"朗涅夫斯卡雅说："什么真实？您看到哪里是真实，哪里又不是真实？而我好像是瞎子，什么也看不见。您能勇敢地解决一切问题，但亲爱的，您倒说说，这是不是因为您还年轻，还没有来得及品尝任何一个生活难题给您带来的痛苦？您能勇敢地朝前看，这是不是因为您还没有看到和等到任何可怕的东西？因为生活的真相还没有暴露在您年轻的眼睛里。您比我们勇敢，比我们诚实，比我们深刻，但请您好好想想，请您拿出哪怕一丁点儿的同情心来，可怜可怜我吧！要知道我出生在这里，我与父亲和母亲在这里生活过，还有祖父，我爱这所房子，失去了樱桃园就会失去我的生活的意义，如果一定要卖掉，那么把我连同这个园子一起卖掉好了……要知道我的儿子是在这儿淹死的……（哭泣）可怜可怜我吧，我的善良的好人。"特罗菲莫夫说："您知道的，我全身心地同情您。"

朗涅夫斯卡雅掏出手帕，一份电报掉落在地上，她说："我今天心里很痛苦，您简直难以想象我多么痛苦。这里太喧闹，每一个声音都刺激着我的心，我浑身发抖，但我又不能独自把自己关在房里，我害怕一个人守着这份寂寞。我向您发誓，我愿意把安尼雅托付给您，但亲爱的，您应该念书，您应该完成学校的学业。您这样无所事事，任凭命运把您从一个地方摆布到另一个地方，这是很可怕的。”特罗菲莫夫捡起电报。朗涅夫斯卡雅说：“这是从巴黎发来的电报。每天我都收到电报。这个野蛮人又生病了。他求我宽恕他，求我回去，我真该去巴黎，回到他的身边去。我有什么办法，他孤身一人，很可怜，有谁能照料他？我爱他，这是明摆着的。我爱，我爱……这是我脖子上的一块石头，我去和它一块儿沉入河底好了，我爱这块石头，没有它我无法生活。”特罗菲莫夫含泪说：“请原谅我的直率，他可是把您的钱掏光了！”朗涅夫斯卡雅掩耳不听，特罗菲莫夫说：“他是个浑蛋，只有您一个人看不透他，他是个渺小的浑蛋，分文不值的小人。”朗涅夫斯卡雅生气了，两人不欢而散。

前厅传来了华尔兹舞曲声。从客厅走来了特罗菲莫夫、安尼雅、瓦丽雅和朗涅夫斯卡雅。朗涅夫斯卡雅向特罗菲莫夫道歉，并邀他跳舞。安尼雅和瓦丽雅共舞。

特罗菲莫夫和朗涅夫斯卡雅走进客厅坐下来。安尼雅说：“刚刚在厨房里听一个人说，樱桃园今天已经卖掉了。”朗涅夫斯卡雅问：“卖给谁了？雅沙，赶紧去问问，卖给谁了。”

这时罗伯兴挥动着拐杖走进来。朗涅夫斯卡雅迎上来，问：“怎么这么晚了才回来？列奥尼德在哪儿？”罗伯兴说：“列奥尼德·安德列耶维奇和我一起回来的，他马上就到。”朗涅夫斯卡雅激动地问：“怎么样？拍卖会结束了吗？”罗伯兴忸忸怩怩、生怕暴露心中的喜悦，说：“拍卖会 4 点就结束了……我们误了一班车，只好等到 9 点半钟。”这时，加耶夫右手拎着买来的东西，左手擦拭着眼泪进来了。朗涅夫斯卡雅焦急地问：“怎么啦？列奥尼德，说呀？”加耶夫只是摇动着手，带着哭腔对费尔斯说："把这拿去……鳗鱼，还有鲱鱼，是凯尔奇生产的……我什么也没有吃……我受了这么大的打击！"这时台球房的门开了，传来台球击打的声音和雅沙的叫声，加耶夫不再哭泣，表情发生了变化，他走向自己的卧室。

朗涅夫斯卡雅问罗伯兴："樱桃园卖掉了？"答："卖掉了。"朗涅夫斯卡雅问："谁买下了？"答："我买下了。"朗涅夫斯卡雅非常沮丧，如果她不是背靠桌椅站着，她会跌倒在地上。瓦丽雅从腰间取下一串钥匙，把它们扔到客厅中央的地板上，然后离去。

罗伯兴说："我买下了！先生们，等一等，我头有点晕，一下子说不出话来。我们来到拍卖场的时候，杰利加诺夫早就在那里了。列奥尼德·安德列耶维奇手头上就有 15000 卢布，而杰利加诺夫一下子就喊出比抵押款高出 30000 卢布的价码。我一看这情形，就和他干上了，我加到 40000 卢布。他叫 45000 卢布，我叫 55000 卢布。他一加就加 5000 卢布，我一加就加 10000 卢布……最后，我以高出抵押款 90000 卢布的价码成交。樱桃园是我的了！要是我的父亲和祖父能够从坟墓里站起来，看到他们的叶尔马拉耶，他们没有文化的、小时候常常挨打的、冬天光着脚在外边乱跑的叶尔马拉耶，买到了一座世界上最漂亮的庄园，那该多好！我买到了这座庄园，我的祖父和父亲曾在这个庄园里当过奴隶，当年他们连这里的厨房都不许进去。来看看，看我叶尔马拉耶·罗伯兴怎么举起斧头砍伐樱桃园，看樱桃树怎么一棵一棵倒在地上！我要建造别墅，我的子子孙孙将在这里看到新的生活。"朗涅夫斯卡雅瘫倒在椅子上，伤心地哭泣。罗伯兴责备地说："您为什么当初不听我的话？我可怜的好人，现在不可挽回了。"他含泪自语："噢，这一切赶快给我过去吧，我们这种荒谬不幸的生活赶快改变一下吧。"

朗涅夫斯卡雅一个人坐在客厅里，身体缩成一团，伤心地哭泣着。安尼雅和特罗菲莫夫急速地前来。安尼雅跪在她的面前说："妈妈，樱桃园卖掉了，它不是我们的了，这是真的，但妈妈，你不要哭，你的生活还在前头，你还有美丽和纯洁的心灵……亲爱的妈妈，跟我们去建造一座新的花园，它会比这座花园更加美丽，你会看到它的，你会感受到它的美丽的。那宁静的、深沉的欢乐会降临到你的身边，像夕阳照亮着黄昏，你会露出笑容来的，妈妈！我们走吧，亲爱的妈妈！我们走吧！"

第四幕

朗涅夫斯卡雅不再哭泣，但脸色苍白，面孔有点抽搐。

罗伯兴在门口，拿着一瓶酒，想请大家喝一杯告别酒。大家皆无兴致，只有仆人雅沙举杯说："祝离去的人一路平安！祝留下的人万事如意！"喝过后，他说这不是地道的香槟酒。

特罗菲莫夫穿着夹大衣从院子里进来。罗伯兴搭讪着，特罗菲莫夫说："我们大概以后没有见面的机会了，临别之时，让我送你一句忠告：不要浮躁！去掉浮躁的恶习。而这儿建造别墅楼啦，指望这些别墅日后成为实干家啦，这些也是浮躁……但不管怎样，我到底还是喜欢你的。你的手指像演员的手指一样纤细和柔软，你的心灵也是柔和的。"罗伯兴拥抱他，说："再会了，如果需要，从我这里拿点钱路上用。"特罗菲莫夫说："我干吗要你的钱？谢谢你！我收到了一笔翻译的稿费。"罗伯兴说："春天我种了 1000 亩罂粟，现在净赚 40000 卢布。当我的罂粟开花的时候，那是一幅多么美丽的图画！我就这样赚了40000卢布，我要借钱给你，是因为我有这个经济实力。你为什么这样骄傲？说穿了，就因为我是个庄稼汉？”特罗菲莫夫说：“你的父亲是庄稼汉，我的父亲是药剂师，这不能说明任何问题。我是个自由的人。你们无论是富人还是穷人，看得很重的东西，对我来说轻得像天空中飞舞的柳絮，对我产生不了什么影响。没有你们我也能生活，我可以不理会你们，我有力量，也很自豪。人类在走向最崇高的真理，在向地球上可能存在的最崇高的幸福前进，而我置身这个队伍的最前列！”罗伯兴反问：“你能达到吗？”特罗菲莫夫说：“我能达到，或是向别人指明达到目标的道路。”

远处传来有人用斧头砍树的声响。安尼雅在门口对罗伯兴说：“妈妈对您有个要求，在她离开之前，先别砍伐花园里的树。”罗伯兴答应了。

朗涅夫斯卡雅、加耶夫、安尼雅和夏尔洛塔就要离开樱桃园了。朗涅夫斯卡雅环顾房子四周，再过10分钟就要上马车了，她深情地说：“再见了，亲爱的房子，年老的爷爷。冬去春来，你就不复存在了，他们会把你拆掉。这些墙壁见到过多少人世沧桑啊！”她对安尼雅说：“我的宝贝，你的眼睛在闪闪发光，活像两颗宝石。你很满意吗？”安尼雅说：“很满意！妈妈，新的生活开始了。”加耶夫也欣喜地说：“真的，现在很好。在樱桃园出卖之前，我们既紧张，又痛苦，而后来，当问题彻底解决，大家也把悬着的心放了下来，甚至觉得挺快活……我现在是银行职员，也算个金融家了。而你，朗涅夫斯卡雅，脸上的气色也好看了，这毫无疑问。”朗涅夫斯卡雅说：“我的神经不紧张了，这是真的。我睡眠很好。雅沙，把我的东西带上，该走了。”她又向安尼雅说：“我的女儿，我们很快就能再见的……我这回去巴黎，就花你雅罗斯拉夫的外祖母寄来买庄园的那一笔钱，不过那笔钱支持不了多久。”安尼雅说：“妈妈，你很快就会回来，是吗？我留下来好好读书，把中学毕业考试考完，然后我出去工作，在经济上帮助你。妈妈，我们以后要一道读各种各样的书，我们的眼前会浮现出一个新的、美妙的世界。”

朗涅夫斯卡雅有两件事放心不下：一是生病的费尔斯，二是瓦丽雅。雅沙把费尔斯送进医院去了。瓦丽雅要去罗吉林家当女管家。

朗涅夫斯卡雅带着一份温情如饥似渴地看着这间屋里的墙壁、天花板。加耶夫也在追忆，6 岁那年，在圣灵节那天，坐在这个窗台上，看着父亲出门向教堂走去。

永别了，旧的房子！永别了，旧的生活！特罗菲莫夫与安尼雅带着对新生活的憧憬走了。瓦丽雅扫视了一下房间，不慌不忙地离去。雅沙和牵着小狗的夏尔洛塔也离去。朗涅夫斯卡雅和加耶夫扑进对方的怀里，轻声哭泣着，唯恐让别人听见。加耶夫绝望地叫着：“我的妹妹，我的妹妹！”朗涅夫斯卡雅念叨着：“我可爱的、温柔的、美丽的花园！……别了，我的生活，我的青春，我的幸福！……别了！”朗涅夫斯卡雅最后一次看看这些墙壁、这些窗户。

寂静来临。沉重的伐木声，凄凉地、寂寞地荡漾着，这声响单调又忧伤。所有的人都离开了。费尔斯从医院出来回到庄园，他仍然穿着西装上衣和白色背心，脚上趿双拖鞋。他走近房门，推了推门把手，锁上了。他在这里坐下了，筋疲力尽，嘟哝着：“生命就要过去了，可我好像还没有生活过……”他躺下了，一动不动。这时，传来一个遥远的、像是来自天边的声音，像是琴弦绷断的声音，随后，这忧伤的声音慢慢地消失了。出现了片刻宁静，然后听到斧头砍伐树木的声音从远处的花园里传来。

·赏析

契诃夫的《樱桃园》是俄罗斯抒情戏剧的典范。在内容上没有采用重大的戏剧题材，也没有紧张的开头和耸人听闻的结尾，剧情平凡而朴实。但就在这平凡、简单的戏剧情节中，展示了当时社会的各种矛盾，暴露和鞭挞了腐朽庸俗的生活，表达了人们对美好生活的热爱和对祖国未来的憧憬。契诃夫以悲喜交织的写作手法刻画了人物形象，以优美凝练、富于哲理的语言阐述着《樱桃园》的创作思想。

主题思想

通过《樱桃园》中的主人公“家园”与“人生”的故事，再现了俄国革命前封建势力的崩溃和封建贵族的没落，反映了资本主义在农村的飞速发展以及给人民带来的新问题，真实地反映了人民群众要求改革现实的民主革命思想和愿望。

表明旧生活末日的不可避免，封建贵族阶级必然衰亡

以朗涅夫斯卡雅和加耶夫为代表的封建贵族后裔，他们的经济状况

已经衰落，但仍盲目地陶醉在庸俗的幸福里。他们不思进取，无所作为，过着极其荒唐而奢侈的生活，导致负债累累，最后不得不将樱桃园拍卖出去。樱桃园是他们生活的根基，他们却不得不向这样的“不幸”妥协。朗涅夫斯卡雅重新回到巴黎，继续靠祖上最后的遗产过她的“上层”生活；加耶夫因为破产后不能花天酒地而痛哭。

以罗伯兴为代表的平民出身的暴发户，是社会发展过程中的一个阶层的代表。他利用父亲在庄园当过农奴的关系和贵族阶层保持一种良好的关系，蛰伏等待时机。他起初建议加耶夫和朗涅夫斯卡雅兄妹俩将樱桃园分租给他人盖别墅的方式去还债，实则他清楚这兄妹俩不懂经营，势必会委托他经营。这是一个巧取豪夺的计谋，既方便自己把庄园蚕食到手，又能避开拍卖场上的竞争。但此计未成，他只好在拍卖场不惜高价拿下庄园，成了樱桃园的新主人。

可见，封建庄园主感觉不到家园被毁灭的深层次的负重，而新兴资产阶级虚伪和贪婪的本性大有势在必得的勇气。在樱桃园的交易中，双方没有争斗，没有冲突，甚至没有气愤。就在这样的平淡中，樱桃园悄无声息地消失了。兄妹俩相拥时的哭泣是无助的，他们离开樱桃园也是无奈的，封建贵族阶级的衰亡是事物发展的必然。

表达了人民改革现实的民主革命思想情绪和美好愿望

祖上传承下来的樱桃园遇上了社会阶层变革时期，全然没有了社会价值。美丽的樱桃园被拍卖了，砍伐树木的声音响起来了，它表明旧的东西正在被铲除，取而代之的应是城市、铁路……人们将有可能过更好的生活。

契诃夫借用剧中特罗菲莫夫的话“前进！我们要奋不顾身地走向那颗闪闪发光的星星，它闪耀在遥远的天际！”“人类在走向最崇高的真理，在向地球上可能存在的最崇高的幸福前进”，表达了人民的民主革命思想情绪，表达了人们对未来幸福生活的企盼，也表明了作者对整个民族发展的美好愿望。樱桃园主人的更替，预示着俄国社会将要发生的重大的历史性的变革。

契诃夫运用剧中人物之间的矛盾来体现当时俄国社会各阶级之间的矛盾及矛盾的激化，发出了“俄罗斯再也不能这样下去了”的强烈呼声，表达了人民改革现实的民主革命思想，表达了人们对俄国社会未来发展的坚定信心。

人物分析

朗涅夫斯卡雅和加耶夫

朗涅夫斯卡雅善良温柔、平易近人。她挥霍无度、盲目慷慨，她处事轻率、不谙世事，在爱情问题上单纯执着，缺乏现实感。作为末代贵族的代表，朗涅夫斯卡雅不仅丧失了任何创造生活的能力，而且已经丧失了生存能力。她花光了祖宗的遗产，欠债累累，连利息都无力偿还了，可她仍然进出豪华的餐馆，仍然点最昂贵的菜肴，仍然雇请乐队来家里举办舞会，仍然随意地把金币施舍给路人。面临失去赖以生存的家园，她一味地沉溺于对童年生活的回忆中，以“幻想”回避现实危机，以“俗气”为由拒绝樱桃园的“拯救方案”。她远离了现实，内心抵制着现实，这使她不可能正确地认识和应对樱桃园面临的危机。她只是一个满足于个人消遣、保持贵族高雅兴致以及在她理解的爱情中活着的没落贵族。

朗涅夫斯卡雅和加耶夫

加耶夫的精神世界是空虚和麻木的，他无所事事、夸夸其谈、空话连篇、游手好闲，是个饭来张口的人，就连每天穿衣脱衣也得有用人伺候。他整日吃糖果、打台球。他对什么都妄加议论，看见屋里的橱柜，他就想证明它有百余年的历史；面对西山落日，他大发感慨地说它主宰生命。在樱桃园拍卖问题上，他对樱桃园的旧日情景倍加留恋，对现实危机采取有意识或无意识的回避，竟希望能结识一位将军来帮助他改变现状。樱桃园被拍卖后从现场归来的他，听到从台球室里传来的台球击打声和说话声，他面部表情发生了戏剧性变化，立即止住了哭泣，现出了一个纯粹的孩童式的神情。

朗涅夫斯卡雅和加耶夫对樱桃园的态度，正如他们对待生活的态度一样，被赋予了童稚的色彩。他们活在樱桃园的“经典价值”之中。罗伯兴说：“我一辈子可还没有遇见过像你们两位这么琐碎、这么古里古怪、这么不务实际的人呢。”指出了其生活和生存实际行动能力的欠缺。

罗伯兴

商人罗伯兴（右一）

罗伯兴具有新旧交替的双重身份。一方面，罗伯兴作为新兴资产者，代表着取代封建贵族、推动历史前进的一股力量。他的行动和话语表现为在资本运作方面的精明和自信，他务实、进取、能干、精力充沛，在商务和实业运作方面得心应手。在樱桃园面临拍卖的问题上，罗伯兴先以救世主后以掠夺者的面目出现，前者蒙上的是一块虚伪的面纱，后者则撕下了面纱，露出其狂妄、贪婪的一面，他如愿地成了樱桃园的新主人。另一方面，罗伯兴对于自己的农奴出身，时时流露出自卑和自我否定的情绪，他要用行动去补偿。当他成为樱桃园的新主人时，他百感交集，发表了著名的“宣言”，自信和自卑两种情绪错综交织，由此将该剧推向高潮。

同时，罗伯兴还有着出乎意料的细腻感情。他要用利斧砍伐世上最美丽的樱桃园，同时又几乎是哭着说：“噢，这一切赶快给我过去吧，我们这种荒谬不幸的生活赶快改变一下吧。”所以在樱桃园新旧主人的更替过程中，他不但为自己所做的事情感到尴尬，而且也为过去那不堪的生活感到羞愧。尽管他对改造后的樱桃园充满了信心，坚信他的“子子孙孙将在这里看到新的生活”，但是他只是社会发展中的一个新陈代谢的过程而已。他的生活理想停留在非常现实的层面上，缺少一种能够长久支撑他的精神力量。

特罗菲莫夫和安尼雅

特罗菲莫夫和安尼雅是年轻一代的知识分子，他们追求自由和幸福，是社会新生力量的代表。樱桃园就是要与之告别的旧生活和旧的生活方式的象征。他们对樱桃园没有任何留恋，要朝着最高的真理前进。他们整个身心充满着生长的力量，是向上的，是有激情的，他们的情感和意志就其本质来说是指向未来生活的。

特罗菲莫夫被称为“永久的大学生”，被大学开除了两次，一直未能毕业。他希望自己做一个不朽的人，置身在“人类在走向最崇高的真理，在向地球上可能存在的最崇高的幸福前进”的队伍的前列。说明他还在追求理想的路上，新的生活还没有到来。特罗菲莫夫对自身的“爱情”所做的评价，以及对罗伯兴的“借钱”提议所给予的回应是精神贵族的体现。

特罗菲莫夫和安尼雅

安尼雅的形象作为特罗菲莫夫的“影子”和“传声筒”出现。在对待“樱桃园”的态度这一核心问题上，直接承接了特罗菲莫夫的判断。她对新生活无比向往，在樱桃园卖出后她对母亲说，“跟我们去建造一座新的花园”。她和特罗菲莫夫就是在奔向未来的新生活的路上。

写作手法与艺术特色

《樱桃园》是契诃夫在 20 世纪初完成的最出色的，也是他最后一个喜剧剧本。它以细腻的笔触描写了俄国资本主义迅速发展、贵族庄园彻底崩溃的情景。在创作上以喜剧的写法诠释了剧本的主题，赋予其新颖的艺术特色。

悲喜的交织和映衬

契诃夫把蕴含在《樱桃园》中的悲剧性，采用通俗喜剧的手法写出来。其喜剧性就表现在人与环境的对立上。剧中所有角色都被环境、被生活压迫着。5 月的春天，鲜花盛开的樱桃园要在 8 月被拍卖。贵族之家祖传的樱桃园被拍卖是一场悲剧，可是即将失去樱桃园的剧中人物并没有进行积极的抗争，只是眼睁睁地看着、回忆着，尽显无奈。剧本从一开场，罗伯兴等迎接朗涅夫斯卡雅回国，就告知她樱桃园要在 8 月被拍卖，可是众人在互诉情感、寒暄，评论时装、饮食和国外生活，场面热闹非凡，把本来就努力躲避现实的朗涅夫斯卡雅、加耶夫兄妹的注意力不断分散开来，转移到怀旧、吃喝和借钱的话题上。特别是在第三幕，在即将失去樱桃园的时刻，朗涅夫斯卡雅的家都要没有了，精神空虚的她仍在玩高雅，组织了一个充斥着闹剧风格的舞会。虽然其间她也不无痛苦地问到庄园的命运，但并没有因此而过分悲哀，还哼起舞曲来。加耶夫似乎有伟大的抱负，他夸夸其谈，实际他什么都不做。当真正失去樱桃园的时候，他一手抹着眼泪，一手还拿着买来的鱼。听到台球室的声响，又立刻忘却这一切；朗涅夫斯卡雅瘫倒在椅子上，伤心地哭泣，又给来送行的人们发钱。他们思想行为的混乱、无所适从的状态很可笑，其反常性、不和谐性构成了《樱桃园》的喜剧性。

情节简单，凸显社会矛盾

《樱桃园》取材于平凡的日常生活，全剧以樱桃园拍卖事件为线索贯穿始终。从朗涅夫斯卡雅回到樱桃园开始，到樱桃园的树木被砍伐结束，一个贵族世家就这样败落了。看似情节简单，没有争斗、流血以及剧烈的戏剧冲突，只是通过人物的简单对话，在朗涅夫斯卡雅、加耶夫等人的幻想中、叹息中，以及音乐声中樱桃园就换了主人，但《樱桃园》反映的却是社会的重大问题，表现了封建没落的贵族阶级庸俗、浅薄、软弱、毫无生机的生活状态，表现了资产阶级暴发户的虚伪和贪婪，展现了一个贵族世家衰败过程中的各种矛盾。

①封建经济与资本主义经济的矛盾

封建经济是地主、贵族和皇室剥削农民的生产经营方式，樱桃园对朗涅夫斯卡雅和加耶夫来说具有全部生命的意义。新兴资产者罗伯兴建议她砍掉樱桃树，依靠出租地皮谋生，朗涅夫斯卡雅等人无法接受。这体现了朗涅夫斯卡雅所代表的地主阶级的思想的局限性，不懂资本运作，这将导致地主封建经济走向没落。罗伯兴所提出的建议，体现了当时新兴资产阶级的魄力和智慧，封建庄园“樱桃园”遭遇砍伐，表明资本主义经济符合社会发展趋势。

②地主阶级与新兴资产阶级的矛盾

朗涅夫斯卡雅和罗伯兴代表了两个对立的阶级——地主阶级和新兴资产阶级。通过樱桃园拍卖事件，朗涅夫斯卡雅和加耶夫从樱桃园的主人变成无产者，而罗伯兴从农奴的后代成为拥有庄园的资产者，这反映了俄国社会阶层的巨大变动，体现了俄国转型期地主阶级和新兴资产阶级之间存在的社会矛盾。但是那些转型为新兴资产阶级的罗伯兴等人，并没有彻底摆脱地主阶级的剥削本质，一场更加彻底的变革成为期待。

③樱桃园的旧主人和新主人在对待新事物的态度上的矛盾

在对待樱桃园拍卖的态度上，朗涅夫斯卡雅兄妹只是沉溺于怀旧和幻想，朗涅夫斯卡雅在回忆和跳舞中、加耶夫在吃糖果和打台球中逃避问题。而罗伯兴则是想方设法为得到樱桃园而谋划。罗伯兴先以感恩方式调整了本应对立的关系，他先建议朗涅夫斯卡雅出租樱桃园，当然目的还是蚕食樱桃园，后来他在拍卖场上买下庄园。庄园易主这件事体现着樱桃园的旧主人和新主人在对待新事物态度上的不同及结果。

戏剧冲突淡化，打破封建社会格局

《樱桃园》的戏剧冲突是围绕樱桃园的拍卖展开的，一方是没落贵族阶级的代表加耶夫兄妹，他们想竭力保住樱桃园，其思想是那样的浅薄，行为又是那么的软弱；另一方则是资产阶级的暴发户罗伯兴，他是“一只碰见什么就要吃什么的凶猛的野兽”。加耶夫兄妹与罗伯兴都是代表旧的正在趋向灭亡的两种势力，罗伯兴是个商人，最终他不是樱桃园的真正主人，更不是未来社会的主人，真正的主人是新生的一代。

平民出身的家庭教师特罗菲莫夫是新生一代的代表人物，他富有正义感，坚信光明的未来。他开导朗涅夫斯卡雅的女儿安尼雅，不要因家庭的没落而忧伤，要建立起一个新花园，比现在的还要美丽，“整个俄罗斯是我们的花园”，他喊出了“再也不能这样生活下去了”的呼声，表达了19世纪末俄国人民的真正愿望。这种新与旧的斗争构成了新的矛盾冲突，成为剧本情节发展的最重要的矛盾冲突。

剧中最紧张的情节在第三幕，拍卖樱桃园是在幕后进行的。朗涅夫斯卡雅办了一场别开生面却不合时宜的舞会。在欢快、轻松的舞曲中，朗涅夫斯卡雅和请来的客人们翩翩起舞。虽然她寻问樱桃园的命运，但整个舞台上到处都是盛开的鲜花，一派喜气洋洋的气氛，人们谈论的是与拍卖樱桃园无关的话题，庄园被拍卖的悲剧故事被淡化，成为幕后的背景故事。契诃夫没有刻意追求戏剧高潮，而是把戏剧事件平凡化和生活化。戏剧冲突淡化，恰恰突出了人物复杂的内心世界，不敢触碰、小心呵护的是那最后的一丝尊严，表现了俄国革命前封建势力的崩溃和贵族阶级不可避免地走向灭亡的主题，真实地反映了人民群众要求改革现实的民主革命的思想情绪和愿望。

浓郁的抒情味和丰富的潜台词

《樱桃园》从头至尾都充满着抒情味，有时悲伤，有时激扬，它是一种情绪的爆发，是一种内心纷扰的完结，或是一种内心的期待。其独白、停顿等潜台词及音乐效果，含蓄、幽默地抒发了人物的真实情感，反映的是人的精神世界最复杂、最紧张的心理状态。

①人物台词的抒情味

朗涅夫斯卡雅走进家里，就悲喜交集地感叹道："育儿室，我可爱的，美丽的育儿室……我小时候老睡在这儿。"朗涅夫斯卡雅走到窗边，"满园子全是白的，全是白的衬着这一片碧蓝的长空！"表明女主人对支撑她全部生命和情感的樱桃园无比眷恋，对即将失去这美好更具悲凉况味。安尼雅安慰妈妈说："樱桃园卖了，可是别哭呀，妈妈，你的生活还在前头，……我们去建造一座新的花园……"这些台词内涵丰富，表达了庄园女主人对樱桃园的难以割舍的情感和新一代的革命思想情绪。但安尼雅的一句“我为什么不像从前那样爱樱桃园了呢”，则表明了人们面临社会发展期出现的一种困惑。

②“停顿”是无声的台词

剧本中有30余次“停顿”。在塑造罗伯兴这个新兴资产阶级形象时用了5次“停顿”，把罗伯兴这个从农奴向新兴资产阶级商人转变的心态描写得活灵活现。在等候从巴黎回来的朗涅夫斯卡雅时，罗伯兴回想自己童年时被醉酒的庄稼汉父亲打得鼻青脸肿、鲜血直流，而朗涅夫斯卡雅领着自己去清洗。此时戏剧出现了第一个“停顿”，表现了罗伯兴复杂的内心世界。他自言自语道：“小庄稼佬……真的，我的父亲的确是一个低贱的庄稼佬，可是我现在已经穿起白背心、黄皮鞋了。我一下子就阔起来了，手里有了一堆一堆的钱……”

朗涅夫斯卡雅与罗伯兴的对话出现的“停顿”，如朗涅夫斯卡雅在客厅里等待着樱桃园被拍卖的消息，当她看见罗伯兴回来后急切地追问谁买下了樱桃园，罗伯兴回答道：“我买下了。”随后出现停顿，这个停顿是罗伯兴内心情感在聚集，他得意忘形地说“是我买的”之后，慷慨陈词地进行了长篇自白，表达了他多年来压在内心世界的一种情感的爆发，流露出他那狂妄、傲慢、得意的内心活动，显示了现在的他才是樱桃园的“真正的主人”。

特罗菲莫夫同安尼雅的一段对话出现的“停顿”。特罗菲莫夫说“整个俄罗斯都是我们的花园……”到“您要做自由的人，像风一样自由”，这里一连几个停顿都在表明他们在想着未来，想着如何同旧生活告别，想着怎样迎接和建设幸福的新生活。可见，抒情调子显得更加突出。

③音响效果的渲染抒情作用

在第二幕里，人们正在沉思的时候，突然间传来一个遥远的、像是来自天外边的声音，像是琴弦绷断的声音，这忧伤的声音慢慢地消失了。这天外之声，让樱桃园的主人产生了一种无法逃避命运的恐怖情绪，再加上突然出现的乞丐，营造了一种虚幻的氛围，构成忧郁色调。在第四幕结尾，又传来这忧伤的声音。出现片刻安静，然后听到砍伐树木的声音从远处的花园里传来。这虚实之间的转换，表明旧的生活结束了，然而新的生活还没有到来。

对比手法的运用

契诃夫采用对比的写作手法，把喜剧场面和悲剧场面结合在一起。窗外是鲜花盛开的樱桃园的美景，室内拍卖的话题却让樱桃园充满了末日的悲凉况味。这两种场面描写的对照，加强了剧本的悲剧气氛。

加耶夫兄妹一家，为了那即将失去的樱桃园痛苦流泪，好像一旦失去了樱桃园，他们就无法生存。但等樱桃园真正拍卖后，他们非但不难过，反而有一种轻松的感觉。朗涅夫斯卡雅说自己的神经不紧张了，因为她要用雅罗斯拉夫的姑妈寄来的那一笔钱去巴黎追求她的荒谬的爱情。这种情绪对照的写法，表明了他们多愁善感的言谈和那无聊的举动非常可笑，是对其悲剧性的尖锐的讽刺。

朗涅夫斯卡雅充满激情地表白："上帝知道，我爱我的祖国，我真爱得厉害呀，我一路上只要往窗子外面一看，就得哭。"俨然是一个爱国者。可是在日常生活的言谈中，她灵魂深处的思想就常常脱口而出："我为什么要跑到城里去吃这顿饭呢？餐厅太不好了，放的音乐很俗……"

这种做法自相矛盾，表明封建贵族后裔思想的童稚性，她代表的是落后的阶级，是没落的贵族阶级的心理状态的真实写照。

樱桃园的象征性

在《百科全书》中提及的樱桃园，曾在俄罗斯大地上风光无限，是封建贵族生活的标志。一片白色的樱桃花诗意盎然，恰是贵族们生活的画面，也承载着俄罗斯的传统文化，它象征着固有的旧生活静止的美。同时，樱桃园如同一面镜子，映射出俄国当时的社会状态，展现了社会各阶层对其态度的差异，展示着他们的人生态度。这时的樱桃园有一种可怕的美，因为它是靠剥夺农奴的自由和劳动滋养着的。

樱桃园对于不同的社会阶层来说，有着不同的含义。朗涅夫斯卡雅、加耶夫兄妹和罗伯兴都是在这个庄园里长大的，樱桃园是家的根基，代表着贵族的身份和舒适幸福的生活。对于罗伯兴来说，樱桃园意味着他世代农奴的身份，是耻辱的象征，得到樱桃园当上庄园主是他的梦想。可见，樱桃园是人们获取的阶级地位的象征。

从樱桃园的结局来看，年迈的、生病的、被遗忘的老仆人费尔斯嘴里嘟哝着："生命就要过去了，可我好像还没有生活过。"他一动不动地躺着，此刻万籁俱寂。划破静谧气氛的是樱桃园深处斧子砍伐树木的声音，衬出了樱桃园一片凄凉的景象。老仆人费尔斯在人们的视线中逐渐消失在夜色中，象征着樱桃园生命的完结，象征贵族阶级的衰败与没落。

《樱桃园》写出了贵族退出历史舞台和新兴资产阶级兴起的必然性，由于契诃夫民主主义思想的局限，他笔下的新一代渴望的"新生活"始终只是一种朦胧的憧憬。

总之，契诃夫依托“樱桃园”之美，对即将到来的新世纪，人类面对物质和精神世界的冲突和思想困惑，赋予《樱桃园》以超越时代的文学魅力和现代意义。

附　录

▲ 契诃夫生平及创作年表

1860　1月29日，安东·巴甫洛维奇·契诃夫出生在俄国罗斯托夫州亚速海边的塔甘罗格市的一个商人家庭。

1867　进入塔甘罗格市希腊语小学。

1868　转入塔甘罗格市俄语小学预备班。

1869　升入俄语小学一年级。

1876　父亲的商店破产，全家迁居莫斯科，契诃夫与弟弟伊凡留在塔甘罗格市。

1877　第一次去莫斯科度暑假。弟弟伊凡离开塔甘罗格市去莫斯科。

1878—1879　创作剧本《没有父亲的人》，该剧本在契诃夫去世后发表。现在常以《普拉东诺夫》为剧名演出。

1879　中学毕业，来到莫斯科。同年考上莫斯科大学医学系。

1880　3月，在幽默刊物《蜻蜓》第10期发表处女作《一位顿河地主写给有学问的邻居的信》。

1881　开始以安东沙·契洪特为笔名在《观众》《闹钟》《花絮》等幽

默期刊上发表幽默小品。

1883 年初，与《花絮》主编列依金相识。

7 月，在《花絮》上发表《一个文官的死》，此后还发表了《胖子和瘦子》等一系列幽默小说名作。

1884 大学毕业，在莫斯科近郊行医，第一部作品集《梅尔波梅尼的故事》问世。

12 月，第一次咯血。

1885 5 月，发表了中篇小说《猎人》。

12 月，第一次去圣彼得堡，与《新时报》主编苏沃林相识并建立了私谊。

1886 2 月，在圣彼得堡发表《苦恼》。这是一个里程碑式的作品。

4 月初，知名老作家格利戈罗维奇给年轻的契诃夫写了一封鼓励的信。从此两人相识。

5 月，短篇小说集《形形色色的故事》出版。

1887 8 月，出版小说集《在黄昏中》。

11 月，在莫斯科柯尔什剧院首演《伊凡诺夫》。

1888 在圣彼得堡《北方公报》发表了剧本《伊凡诺夫》，在圣彼得堡《北方公报》1888 年第 3 期发表小说《草原》。

同年，发表了小说《灯火》。

10 月，小说集《在黄昏中》获普希金文学奖。

12 月，在圣彼得堡与作曲家柴可夫斯基相识。

1889 创作小说《没有意思的故事》。

1890 4—12 月，离开莫斯科，横跨西伯利亚，到萨哈林岛实地考察。

7 月，参观中国瑷珲古城。

1891 3 月，与苏沃林结伴旅游欧洲。

5 月，旅欧归来。搬至阿历克辛乡间，在一个租用别墅里写作。

12 月，参加下诺夫哥罗德省和沃罗涅日省的救灾工作。

1892 3 月，定居梅里霍沃庄园。

6 月，米齐诺娃被邀来访梅里霍沃庄园。

11 月，发表小说《第六病室》。

1893 10 月，《萨哈林岛游记》发表。

1894 1 月，小说《黑修士》发表。

1895 8 月，在雅斯纳亚·波良纳首次拜访列夫·托尔斯泰。

10 月，发表剧本《海鸥》。

1896 2 月，再访列夫·托尔斯泰。

10 月，圣彼得堡皇家剧院首演《海鸥》，惨败。

1897 4 月，因大量咯血在莫斯科住院治疗。

同月，托尔斯泰去医院探望契诃夫。

9 月，出国，在法国的尼斯过冬。

1898 1 月，因“德雷福斯案件”与苏沃林发生意见冲突，逐渐冷淡了彼此关系。

4 月，欧洲旅行半年后回国。发表了中篇小说《姚内奇》。

夏天，在梅里霍沃庄园写作小说三部曲——《套中人》《醋栗》和《关于爱情》。

7 月，在梅里霍沃捐资建小学。

9 月，在莫斯科，契诃夫与克尼碧尔相识。同月，迁居雅尔塔。

12 月，莫斯科艺术剧院首演《海鸥》，大获成功。

冬季，在雅尔塔写作小说《宝贝儿》（又作《可爱的人》）。

1899 1 月，发表小说《新别墅》。

3 月，在雅尔塔初识高尔基。

秋天，在雅尔塔写作《牵小狗的女人》。

10 月，莫斯科艺术剧院首演《万尼亚舅舅》。

1900 1 月，与列夫·托尔斯泰等被选为科学院名誉院士。发表小说《在峡谷里》。

12 月，出国旅行。

1901 1 月，莫斯科艺术剧院首演《三姐妹》。

6 月上旬，与克尼碧尔结婚。

1902 8 月，为声援高尔基，与柯罗连科一起致函皇家科学院，放弃科学院名誉院士称号。

1902—1903 创作小说《新娘》和剧本《樱桃园》，发表小说《主教》。

1903 12 月初，到莫斯科看《樱桃园》的排演。

12 月初，发表最后一篇小说《新娘》。

1904 2 月，返回雅尔塔。

5 月，公开发表《樱桃园》，这是契诃夫的绝笔作。

6 月，偕妻子起程出国治病，到达巴登维勒。

7 月 15 日，于巴登维勒病逝。

▲ 参考文献

1. 童道林 . 论契诃夫 [M]. 北京 : 线装书局，2011.

2. 童道林 . 契诃夫传 [M]. 北京 : 线装书局，2011.

3. 童道林 . 剧本五种 [M]. 北京 : 线装书局，2011.

4. 陈应祥，傅希春，王慧才 . 外国文学 [M]. 北京：高等教育出版社，2009.

5. [俄] 契诃夫 . 契诃夫论文学 [M]. 汝龙，译 . 北京 : 人民文学出版社，1958.

6. [俄] 叶尔米洛夫 . 契诃夫传 [M]. 北京 : 人民文学出版社，1960.

7. [俄] 契诃夫 . 契诃夫戏剧集·樱桃园 [M]. 焦菊隐，译 . 上海 : 上海译文出版社，1980.

8. 谭霈生 . 世界名剧欣赏 [M]. 长沙 : 湖南人民出版社，1983.